子どもの「数学力」が自然に育つ 2歳からの言葉がけ

くにたち数学クラブ
植野義明

日本実業出版社

はじめに

本書は、子どもの「数学力」が自然に育つ、2歳からの言葉がけをテーマにしています。子どもたちは、身のまわりで起こる現象の中で、「3」までの小さな数を知覚し、それをもとに判断する力を本来、もって生まれてきます。

では、そのような生まれながらもっている能力を礎に、子どもの考える力、見つける力の「芽」を大きく育てるには、親としてどのような働きかけをしていけばよいのでしょうか。

子どもの「数学力」は、日常のちょっとした事象への興味から始まります。そして、しだいにそれぞれの年齢に応じた、その子どもだけの「数学の世界」を心の中に作り、少しずつ広げていくのです。

子どもの心の中に芽生え、伸びていくこのような「数学力」は、親子の安心できる環境の中で、ちょっとした日常の言葉がけをきっかけとして、ぐんぐん伸びていきます。

本書のテーマである子どもの「数学力」は、いわゆる学校の教科としての数学の学力とは少し違います。

わたしたち大人が「数学」という言葉を聞くと、教科としての数学や、科学の一分野としての数学を思い浮かべることが多いでしょう。しかし、子どもが心の中に作っていく数学に触れたり、その世界を伸ばしていくためには、親自身がその昔習った数学の知識やイメージには、とらわれないほうがいいかもしれません。

小学校での算数の教え方が時代とともに進歩していて、以前の教え方はいまはされていないことも考慮しなければならない大きな要素です。

また、大人が記憶している数学のイメージは、計算法のコツや便利な公式など、学習の結果として正解を出す「成果」のほうに大きくかたよっている可能性が高いことにも気をつけなければなりません。学習のプロセスは、記憶として残っていないことがふつうです。

しかし、2歳から就学初期までの子どもは、いままさにその「プロセス」、つまり、数学的探究の真っ只中にいます。

子どもたちは、大人が正しいものとしてもっている既存の知識を習い覚えることよりも、自分がひとりの独立した小さな科学者となって、この世界のいろいろな現象—数や図形や規則性などの、自分にとって不思議としか思えない現象—を1つひとつ体験し、実験し、確かめていくことに興味があるのです。

あなたが理系だったとか、数学を得意としていたかどうかが直接子育てに役立つことはありません。また逆に、自分は文系だったので、数字は見るのも嫌だというような過去の記憶や感情にとらわれる必要もありません。

子どもたちにとって、興味ある数学の世界を、親もいっしょになって探検してみようという姿勢で臨むこと。親も、子どもたちと同じようなまっさらな心をもつことで、日々の子どもとの会話が、興味をかきたてる楽しいものになるに違いないとわたしは思います。

毎日の子どもへの言葉がけや、家庭内の親子の間の会話が子どもの発達や人間性に大きく影響することはいうまでもありません。子どもの身体を作るのは食べ物から摂取する栄養ですが、子どもの心をたがやすのは、親との日常的な会話の言葉です。人間の心は言葉を栄養として成長するといってもいいでしょう。

本書では、親子の間の効果的な会話のコツや言葉がけのヒントとなる具体的な事例だけでなく、子どもが自分の身体を動かして参加できるいろいろな実験やゲームも紹介しています。これらの実験やゲームは、筆者が主宰する「くにたち数学クラブ」の幼児クラスでの実践を通して、その確かな効力が認められたものばかりです。

これらの活動を通して、子どもたちには与えられた正しい知識を機械的に受け入れたり、覚えようとするのではなく、自らやってみて納得する子どもになってほしいと願っています。

そのため、実験をする前に、子どもがまず予想を立て、その予想を子どもなりの言葉で気負わずに口に出してみることができるように促す言葉がけを多く紹介しました。

ちょっとした会話での言葉のかけ方を少し変えるだけで、子どもの脳はフル回転し始めます。折り紙や切り紙、ゲームや計算やお絵かきなどに熱中して止まらなくなる子どものようすを見て、うちの子どもはこんなに集中力があったのかとびっくりすることでしょう。

より高度な数学が、生活のすみずみにまで応用される時代が間近に迫っています。人を分けてしまう文系・理系という壁は取り払われる傾向にあります。いまの子どもたちが活躍する世界では、一部のエンジニアや経済学などの研究者たちだけでなく、すべての人が数学を活用し、文化として数学を享受することが当たり前の社会になっていることでしょう。

今回、箕輪まり子さんに素敵なイラストを描いていただきました。また、ネクストサービス株式会社の松尾昭仁氏に助言をいただきました。ここに感謝いたします。

最後に、本書の内容はすべて、くにたち数学クラブにおいて実践し、活動に参加した幼児、児童のみなさんから学んだことに基づいています。本書に登場するヨシくん、アキちゃんは、教室に来てくださっている子どもたちがモデルとなっていることを書き添えて、感謝のしるしとしたいと思います。

植野義明

２０２３年７月

Contents

第2章 「形への関心」が育つ言葉がけ

Contents

第4章 「考える力」が育つ言葉がけ

カバーデザイン／沢田幸平（happeace）
本文・カバーイラスト／Mariko Minowa
本文DTP／一企画
企画協力／ネクストサービス株式会社　松尾昭仁

第1章

「数への興味」が育つ言葉がけ

第1章のコラム

数への興味が育つ言葉がけ

「はじめに」で述べたように、子どもには生まれながらにして「3」までの小さな数を把握する能力があり、数への関心も生まれながらのものです。童謡の歌詞「もういくつ寝ると、お正月」にもあるように、数への関心は外の世界を理解したいという自然な欲求です。

かぞえると一言で言っても、簡単なものから、やや高度なものまでいろいろなレベルがあります。この章では、親のちょっとした言葉がけを通じて、数への関心を目覚めさせ、かぞえる行為に向かってもらう方法を、具体的な場面でお伝えします。

毎日の生活の基本となる食事のときの会話や、お出かけ前の持ち物チェックなど、数や計算への興味を引き出す場面は、さまざまあります。

また、家庭でできる簡単なパズルやゲームに親子で取り組むことでも、楽しみながら数の感覚を伸ばすことができます。28ページのコラムで紹介する「ベクトルすごろく」は、手近にある材料で簡単に作れますので、ぜひいっしょに作ってみてください。

数は、重さ、長さ、速さなど、いろいろな種類の量にも関係しています。目に触れるいろいろなものやことに興味をもつ幼児にとって、視覚、聴覚、触覚などさまざまな感覚を通して数への興味や数の量としての感覚を育てておくことは、きっと生涯にわたって役に立つでしょう。家庭にある体重計やメジャーなどを使って、測ることの楽しさを子どもといっしょに体験し、測った結果について話してみてください。

ちょっと注意して見回すと、わたしたちの日常にはいろいろな数字があふれていることがわかります。数にはものの量を表わすだけでなく、位置や順序を表わす働きもあります。数のもつ、そうした多様な側面への「気づき」を、子どもとの会話の中で深めていくことができます。

計算は単なるスキルではなく、足し算や引き算の意味を理解することが大切です。「あといくつ？」は、足し算の考え方を引き算へと自然に応用し、引き算の本当の意味が、知らないうちに自分のものになる魔法の言葉です。

1＋1が2にならないこともあるよという、子どものちょっとした発見も、現実の事象を単純化して示す数学の役割に気づく対話のきっかけとすることができます。

ほんの少し会話や話しかけ方を変えるだけで、親子の対話が弾んだものになり、子どものわくわく感が大きくふくらみます。この章で、そんな話しかけのコツについてもお話しします。

01 日常にあふれる数字

「ほら、あそこに4があるよ」

数字は日常生活の中にあふれています。そのことを子どもといっしょに楽しみましょう。子どもは突然数字が読めるようになるわけではありませんが、身のまわりで見つかるいろいろな文字―アルファベット、平仮名、カタカナ、漢字―の中で、数字がいちばん早く読めるようになります。なぜでしょうか？

簡単にいうと、数字は10種類しかなく、そして使用頻度が高いからです。つまり、他の文字に比べて、目に触れる機会が格段に高く、そして、とても便利なものです。

壁掛けカレンダーを見て数字を覚えてしまう子や、電子レンジのあと何秒という表示をじっと観察する子どももいます。最近は、文字盤のある時計は少なくなりましたが、デジタル機器に表示される数字は動くので、かえって子どもの興味をひくかもしれません。

数字を読むことに興味をもち始めたばかりの子どもは、自分が好きな数字を見つけると喜びます。そんな時期は、親子で数字探しゲームを楽しみましょう。

数字は、いろいろな製品のパッケージ、階段の表示、エレベーターのボタンなど、身のまわりにあふれています。好きな数字は子どもによって違います。4が好きな子どもだったら、いっしょに4を探すゲームをします。「ほら、あそこに4があるよ。ヨットみたいな形だね」と言ってあげましょう。

街を歩いていると、数字は耳からも入ってきます。

「3番ホーム、ご注意ください。電車がまいります」

電車が好きな子だったら、駅員さんの口調を真似て、同じように言うかもしれません。そんなときは、「へー、次の電車は3番ホーム、上り電車か。その次は何番ホームかな?」と、その場の雰囲気をいっしょに楽しみましょう。「京都駅には0番ホームがあるんだよ。今度、旅行に行ったら、探してみよう」などと、話題はどんどん広がります。

スーパーのレジに並ぶときは、子どもに「何番のレジがいちばんすいているかな?」と言いながら、すいているレジを探します。レストランに入ると、店員さんに、「何名様ですか?」と聞かれます。洋服を買いに行くと、「何歳ですか? 身長は何センチですか」などと聞かれます。

えーと、「アキちゃんの身長って、何センチだっけ?」と言葉がけをすることで、数字は、実際に社会で使われている、とても便利なものなんだ、と子どもが実感するようになります。そんな言葉がけを多くすると、子どもは、数字はお勉強ではない。誰でも使っている便利なものなんだと思うようになります。

おうちでも、親子でお店屋さんごっこをして遊びましょう。

「すみません、ノートください」「はい、何冊いりますか？」「2冊ください」

何回かやっていると、子どものほうから、「今度はわたしがお店屋さんになる！」と言ってくるかもしれません。かわりばんこにお客さん、お店屋さんになって、会話を楽しみましょう。何を何個買うか、メモを書いて、メモを見ながら、お買い物をすることで、しゃべる言葉としての数字だけでなく、文字としての数字にも触れさせることができます。

まだ数字が書けない子どもには、親が相談しながら書いてあげます。

少し大きな子どもは、10以上の数字にも興味をもちますが、12を見て、21と読んでしまうなど、うまく読めないことがあります。

子どもは、言葉を覚えるのと同じように、数字もまず耳から覚えます。そこで、まず10、11、12…という数字をリズミカルに読んであげて、先に子どもの耳に入れるようにします。そうすると、数字を見たときにもスムーズに読みやすくなります。

子どもが、得意になって41、42、43…と数を唱えているときは、よく聞いてあげましょう。そして、うまく唱えられたら、「よく言えたね、えらいね」と褒《ほ》めてあげます。

数字を読んであげる。聞いてあげる

02
数に親しむ

「チャーハンには何種類の材料がいるかな？」

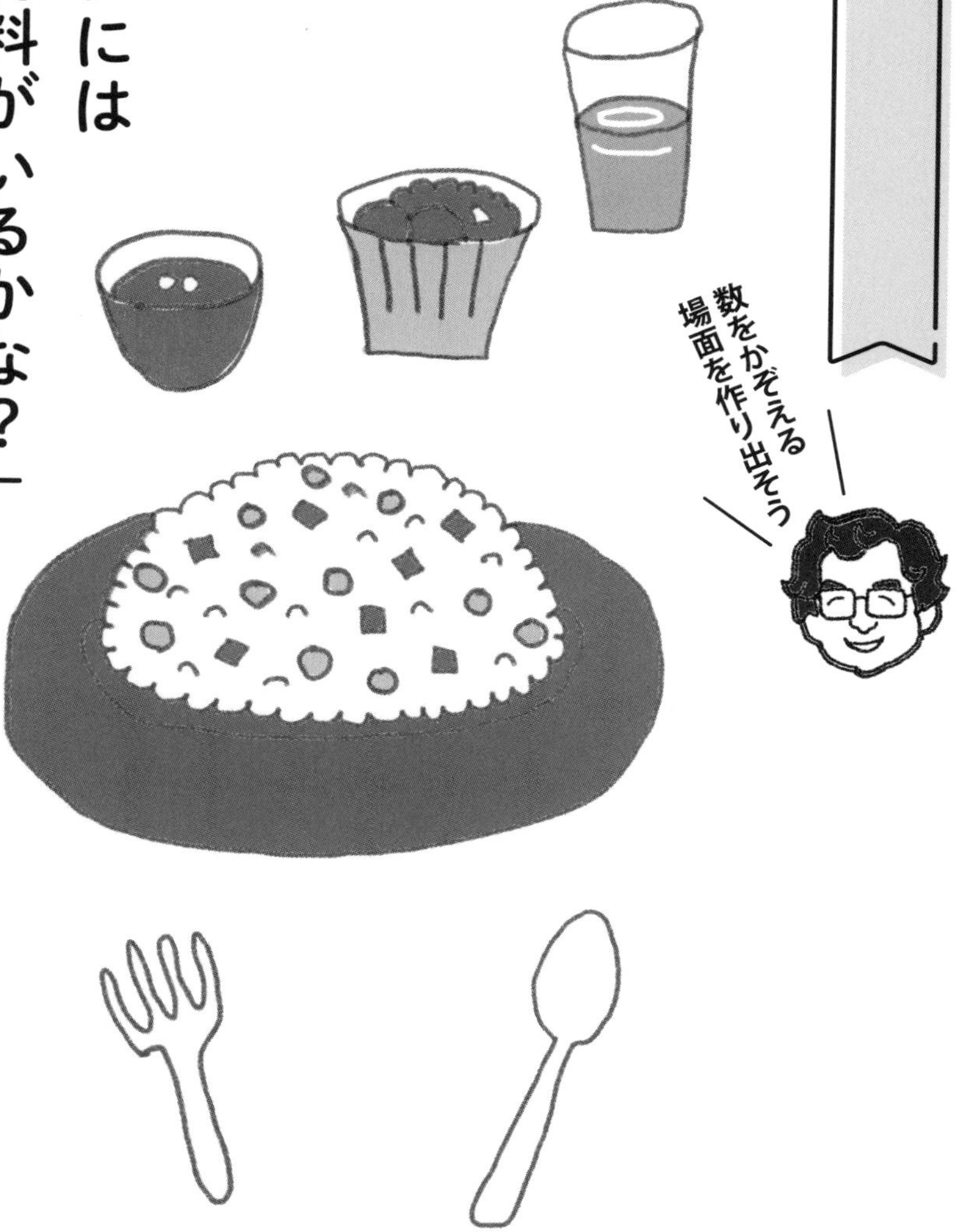

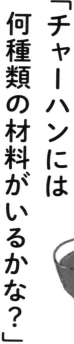

日常の何気ない会話の中で興味をもてる話題を選ぶことで、子どもがかぞえる場面を自然に作ることができます。

例えば、今日のお昼は、あり合わせの材料でチャーハンを作ることにしたとします。冷蔵庫から、ニンジン、玉ねぎ、ハム、玉子を出しながら、子どもに、「チャーハンを作るには、**何種類の材料がいるかな？**」と聞いてみます。

すぐには答えが出ないときは、さらに「3つかな？ それとも、4つかな？」と聞いてみると、子どもはまな板の上の材料を見て答えます。「あ、お母さん、大切なものを忘れているよ。ご飯がなくちゃ、チャーハンは作れないよ」と教えてくれるかもしれません。

2歳児くらいまでは、「種類」という言葉が何を意味するのか理解しにくい場合があります。1本1本のニンジンは手にもってかぞえることができますが、ニンジンという「種類」は抽象概念なので、かぞえることがむずかしいのです。

そこで、小さい子には、冷蔵庫から出したばかりのときにかぞえます。3歳以上になれば、コマ切れになっていても、ニンジンはニンジン、玉ねぎは玉ねぎと、種類の数で考えることができるようになります。

子どもをキッチンに入れられないのであれば、食事をしながらでも会話はできます。「今日のチャーハンには何種類の材料が入っているか、かぞえてみよう」と言葉がけをすることで、食べることが楽しくなり、具材に関心をもつようになるかもしれません。

楽しく食べながら、足し算もしてみましょう。

例えば、「ピーマンも入れたら、もっと色がきれいで美味しそうになるかもね」と言ってみるのです。色がきれいになると聞いて、ピーマンが嫌いな子も少しは興味をもってくれるかもしれません。「ニンジン、玉ねぎ、ハム、玉子の4つにピーマンを入れたら、材料は全部でいくつになるかな?」と聞いてみます。

もちろん、すぐに「5つ」という答えが返ってきますが、ここで、答えを言うだけでなく、足し算を教えることができます。「4に1を足したら5だから、4足す1は5、つまり、5つだね」と教えます。あるいは、「4の次は5だから合わせて5つだよ」と、子どものほうから言ってくるかもしれません。

小さい子どもは、「いち、に、さん、よん」と数字を呪文のように唱えて覚えているだけですが、3歳児になると、「5は4の次だから、4より1多い」というふうに、数字を量と結びつける理解ができてきます。子どもにおはじきやお菓子などを見せて、「何個ある?」と聞いて、4つと答えたら、「じゃあ、もう1つ足すと?」と聞いてみます。

このとき、もう一度最初からかぞえ直す子どもは、かぞえた結果が数になることは理解していても、4に1を足すと5になることはまだ理解していません。「かぞえる」という行為は単純そうに見えますが、子どもの心の中で実際に起こって

いるプロセスは、成長段階に応じてさまざまです。

どんなやり方でも、答えが出たら「よくわかるね」「えらいね」などと褒めてあげましょう。

同じ話題は引き算にも応用できます。例えば、うちのチャーハンは、ニンジン、玉ねぎ、ハム、玉子が入っているのが定番だということを子どもが理解しているとします。

ある日、お母さんが冷蔵庫を覗くと、ハムがありません。「あれ、今日はチャーハンを作ろうと思ったのだけど、ハムがないわ…」とつぶやいてみます。「えー、そうすると、今日のチャーハンに入る材料は3種類になっちゃうよ」「そうね、4－1だから、3種類ね。でも、ハムが入ってないと美味しくないよ。どうしよう」といっしょに考えます。「そうだ、ハムがないなら、焼き豚かカニかまぼこを入れてみたら？」ということになるかもしれません。「そうすると、チャーハンには何種類の材料が入ることになる？」答えは、3＋1＝4で4種類です。

こんなふうに、毎日の食事の会話を楽しみながら、数や計算への興味につなげていけたらいいですね。他の料理や、お出かけ前の持ち物チェックなど、生活の中のほかの場面にも、同じような会話を応用できます。

言葉がけのコツ

身近なもので足したり引いたりしてみる

03

今日は体重計で実験するよ

「背伸びをしたら、体重が増えるんじゃない？」

身のまわりの世界を理解するうえで、かぞえることと同じように大切なのは、測るという行為です。数は、重さ、長さ、速さなど、いろいろな種類の量に関係しています。そこで、家庭にある体重計やメジャーなどを使って、いろいろな量を測ってみましょう。

親が子どもに向かってにこにこしながら、「今日は、体重計で実験するよ」と言うと、子どもは、え、実験って何だろう？　とわくわくします。実験というムズカシイ言葉を初めて聞く子どもでも、親自身がわくわくし、楽しそうな口調で言葉がけをすることで、何か特別なことをするのかな、と思い、子どももわくわくするのです。

こうして、測るという行為を通して、予想を立てたり実験したりすることの楽しさ、結果について話すことの楽しさを、子どもといっしょに体験できたらいいですね。

では、具体的に何を測ればよいのでしょうか。

おすすめなのは、まず最初に子ども自身の身長や体重を測ることです。子どもが最も興味をもつのは、自分の身長や体重だからです。

始める前に、体重計の使い方を教えましょう。「これは体重計だよ。体重計って、何に使うかわかるかな？」と聞いてみましょう。それから、スイッチをオンにして、静かにのるんだよとか、手をぶらぶらすると、数字もぶらぶら動いちゃって、測れないよなどと言います。最近の体重計はすべてデジタルですが、数字が読めない小さな子どもには、「ヨシくんの体重は、15・8キロだよ」などと、親が数字を読んであげます。

そして、体重を測るだけでなく、思いつくいろいろな実験をします。例えば、「うーん！　と力をいれて踏ん張ったら、体重は増えるかな？　それとも減るかな？」などと言ってみましょう。あるいは、「大きく背伸びをしたら、体重が増えるんじゃない？」と言ってみてもいいですね。子どもは早く大きくなりたいという欲求があるので、もしそれで体重が増えるなら、やってみようと思うでしょう。

子どもは、早く結果が知りたいので、すぐに体重計にのって測ろうとするかもしれません。しかし、実際に測る前に、このように**子どもに予想を立てることを促す言葉がけを必ずするようにしてください。**

子どもと実験をするこうした機会はとても大切で、本書でも繰り返し登場します。それぞれの実験は、1回限りの貴重な体験です。そして、**実験では、結果を知ることよりも、予想を立てることが何よりも大切**なのです。子どもが自分自身の言葉で「○○になると思う」という予想を言えるような雰囲気を家庭の中に作ってください。

また、予想は間違っていてもいいのです。

大切なのは、小さな声でもいいので口に出して予想を言える雰囲気があることです。親には、こうした雰囲気を作る責任があるのです。雰囲気を作るというと、はじめは戸惑うかもしれませんが、何度かやっているうちに、子どもは予想を言

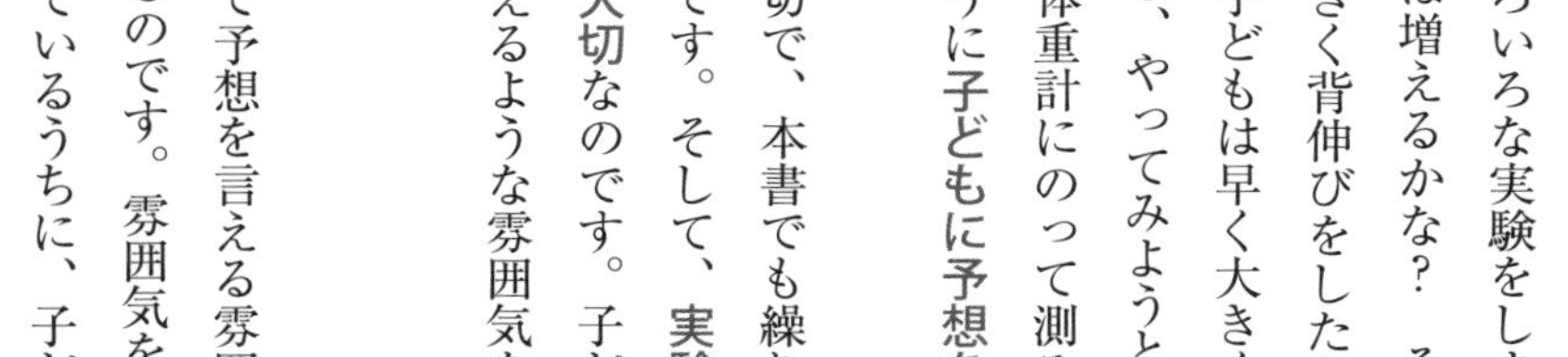

うことにだんだんと慣れてきて、そのうちに子どものほうから、「予想は間違ってもいいんだよね」などと言うようになります。

踏ん張っても、背伸びしても体重は増えないし、片足で立っても体重は減らないことがわかったら、子どもは何をしても体重は変わらないと思ってしまうかもしれません。そこで、今度は見かけ上の体重が変化する実験をします。

「ジュースを手にもって測ると、体重計の数字は増えるかな」と言ってみます。500ミリリットルのジュースのパックを1つもつと、数字は0・5キロぐらい増えるでしょう。1リットルの牛乳をもってのると、ちょうど1キログラムぐらい増えます。

目に触れるいろいろなものやことに興味をもつ幼児にとって、視覚、聴覚、触覚などのさまざまな感覚を通して数への興味や数の量としての感覚を高めておくことは、きっと生涯にわたって役に立ちます。ぜひ、ご家庭でできる範囲でいろいろな実験を工夫してやってみてください。

言葉がけのコツ

間違ってもいいので予想を立ててみる

「いちばん好きな番号は何？」

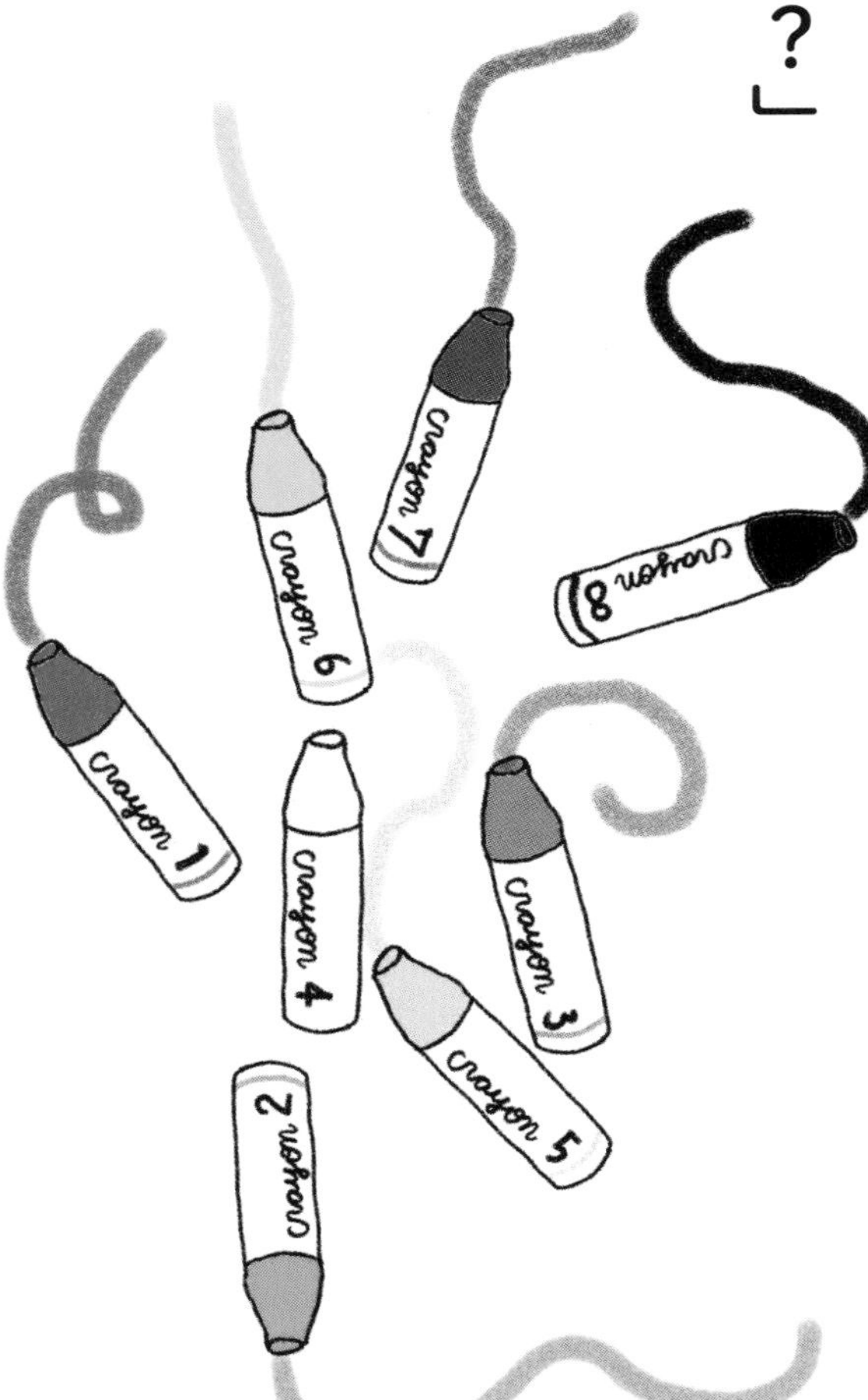

順番を聞いてみよう

数には2つの働きがあります。

「駅から公園までの間にお店が4軒あるね」と言うとき、4軒は個数を表わしていますが、「角から2軒目のお店はパン屋さんだよ」と言うとき、2軒目は順序を表わしていますね。数は、ものの集まりの大きさ、個数を表わすのにも、要素どうしの位置関係や順序を表わすのにも使えるのです。

順序を表わす数は、社会のいろいろなところで使われています。ロッカーの番号や部屋の番号は順序を表わす数字です。「うちは5号室でお隣は6号室だから、合わせて11号室だね」という会話には、ジョークとしての意味しかありません。

子どもははじめ、個数をかぞえ、全体量を把握することから数になじんでいきますが、数を使うことにだんだんと慣れてきたら、ふだんの何気ない会話の中に順序を表わす数も少しずつ取り入れるようにします。

個数は、形や大きさが同じもののほうが理解しやすいのですが、一方、順序をかぞえるときは、なるべく互いに異なる特徴があり、区別しやすいものを使います。

テーブルの上に左から、赤、オレンジ、黄色、緑、青、藍、紫という順番でクレヨンを1列に並べます。子どもに、「左から3番目のクレヨンは何色？」と聞くと、黄色と答えます。「じゃあ、右から5番目は？」と聞くと、やはり黄色と答えます。

このようなやり取りを通して、子どもは順番はどちらからかぞえるかによって違うことに、自然に気づきます。

ただし子どもにとって、右、左は理解しにくい言葉なので、要注意です。とくに、小さい子どもには、右、左ではなく、「こっちからかぞえたら」のように言い換えます。

大きな子どもと話すときも、右、左という言葉は、話者がどこにいて、どちらを見ているかによって意味が変わることがあるので（119ページ参照）、なるべく理解しやすい言葉を選びます。

それには、**いつも子どものそばに寄り添って、子どもと同じ景色が見える位置から言葉がけをすることが大切**です。それによって、子どもはその言葉が自分にかけられているのだと理解でき、安心して答えることができる効果もあります。

前と後ろという言葉にも同じような困難さがあります。幼児は、だんだんと大きくなるにつれて、他のお友だちから見て右はどちらかな、前はどちらかな、と考えられるようになりますが、小さいうちは例外なく自分を中心に考え、自分視点で表現します。

子どもによっては、特別に好きな数があるかもしれません。「いちばん好きな番号は何？」と聞いてみることで、子どもの意外な側面がわかります。17番が好

きな子どもは、大谷翔平選手が好きなのかもしれません。

子どもにとって「一番」は特別な意味のある言葉です。子どもは、いちばんと聞いただけで目を輝かせます。いちばん速く走れること、いちばん高く飛べることは憧れの対象です。

「家の中にあるいちばん好きなおもちゃは何？」と聞いてみましょう。すると、「クジラの縫いぐるみが一番で、二番目はキリンだよ」と教えてくれるかもしれません。「いちばん大きなおもちゃはどれ？」と聞いたり、逆に、「いちばん小さいおもちゃはどれかな？」と聞いてみてもいいですね。こうして、楽しみながらどんどん会話をふくらませましょう。

もし、動物が好きな子どもなら、「世界でいちばん走るのが速い動物は何？」と聞いたり、恐竜が好きな子どもなら、「いちばん大きい恐竜は何？」と聞いたりすると、得意になっていろいろ教えてくれるかもしれません。

最後に、いちばん大切な注意です。夜、子どもが寝る前に、「パパ、ママがいちばん好きな子はアキちゃんだよ」と言ってあげるのを忘れてはいけません。

次々に会話をふくらませる

コラム

「ベクトルすごろく」をやってみよう

家庭にあるもので簡単に作れ、3歳児から遊べる「ベクトルすごろく」を紹介しましょう。用意するものは、A4サイズの紙と工作用紙各1枚です。ハサミとセロテープ、サインペンも用意してください。ベクトルとは長さと向きをもった量のことで、数学では必須の概念です。

パズルやゲームは脳を活性化させ、いっしょに取り組むことで親子の親密さも一気に高まります。親がサポート役になり、時には相手役になったりすることは、わくわく感を共有する絶好のチャンスです。

パズルやゲームで注意すべきなのは、子どもがあまり勝ち負けにこだわらなくてすむように配慮することです。例えばパズルでは、誰が最初に解けたかを競うのではなく、自分のペースでゆっくり考えられるように見守り、それとなくヒントやアイデアを出してやります。

ゲームでも、スキルの差ではっきり勝敗がわかれてしまう大人向けのものは避けます。すごろくは、みんながほとんど同時にゴールできるので、最適です。

作り方です。まず、A4サイズの紙に縦10マス、横14マスの2センチ四方のマス目を描き、左下の隅にスタート、反対の隅にゴールと書いておきます。

次に、ベクトルの駒を作ります。工作用紙からマス目と同じサイズの正方形を2～3枚切り出し、マジックで対角線に沿って1本の線を描きます。線の先端を三角にぬって矢印にすればできあがりです。

別に、各辺が2～3センチの「マイさいころ」を作ります。これは、材料を用意しておき、子どもといっしょに作っても楽しいです。子どもに、「今日は工作をするよ」と言うと、「何を作るの？」と聞いてきます。このときに、サイコロを作るよとはすぐに答えずに、「さあ、何ができるかな？」と言ってわくわく感を高めます。

工作用紙に立方体の展開図を描き、ハサミで切りましょう。勘がいい子はこの段階で、「あっ、わかった！　サイコロを作るんだね」と言います。サイコロの展開図は11種類あるので（45ページ参照）、展開図を見ただけでは何ができるかわかりにくい形のものを選んでおきます。

次に、1の面、2の面、3の面がそれぞれ2つずつできるように、6つの面に1から3までの数字を書いていきます。数字を書き始めた子どもは、自分で書きたいと言うかもしれません。最後にサイコロの形に折り曲げ、セロテープで各辺を貼り合わせればできあがりです。マイさいころは他のゲームでも使える子どもの宝物になります。

遊び方です。サイコロを振って出た数字の数だけ、スタートからマス目の対角線に沿って進みます。つまり、いつもマス目の四角の頂点から頂点へ斜め45度に進むわけです。進む向きは同じ方向でも、途中で直角に折れ曲がってもかまいません。また、来た道を戻ることもできます。自分がいまどこにいるのかがわかるように鉛筆で印をつけ、そこからどう進むのかを、ベクトルの駒をマス目の上に置いて確かめながら進むようにします。こうして順番にサイコロを振って進み、ゴールに達したら「上がり」です。

ベクトルすごろくでは、必ず対角線に沿って進むので、隣の頂点に移動することはできません。進んだ道筋を色鉛筆でなぞると、どう進んだかが見やすくなり、3歳児にとっては、線を描く練習にもなります。5歳児以上なら、しばらく遊んでいると、行ける頂点と絶対に行けない頂点が交互に並んでいることに気づくと思います。

では、実際に遊んでみましょう。

頂点に「星」を描いておいて、ここで止まるとボーナス点として、もう2ステップ進めますとか、ここは工事中です、通れませんと書いておくなど、いろいろと工夫できます。5歳児には、「どこに星を置くといいかな」と言って、いっしょに考えます。

最初は1の目ばかりが出てなかなか進まないなあと思っていると、急に3の目が出て一気にゴールすることもあります。真っ直ぐにゴールを目指すのと、途中で星のある頂点に寄り道してボーナス点を狙うのと、どちらが有利か真剣に考える子もいます。単純なルールですが、いろいろな発見があって楽しめます。

ベクトルすごろく

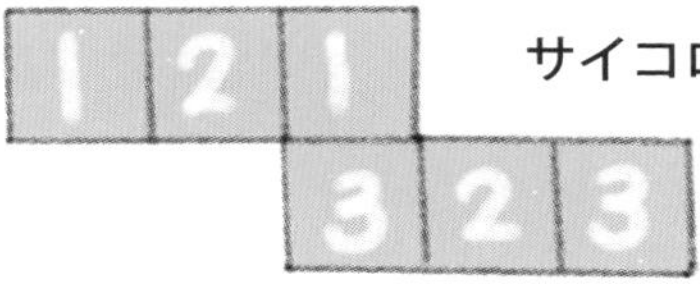

サイコロ

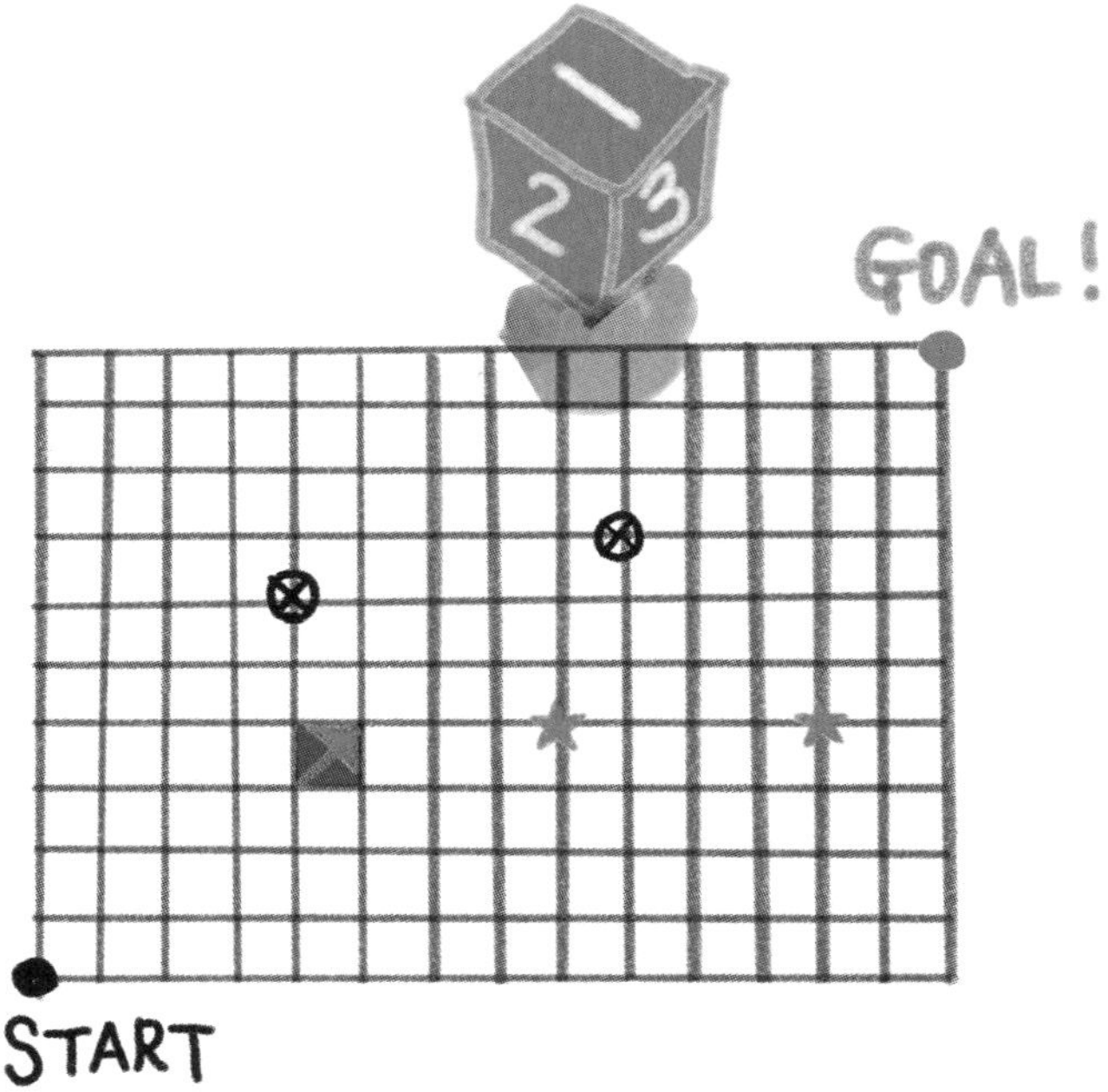

 駒

 工事中

 2ステップ進む

05

足し算から引き算へ

「あといくつで10になるかな？」「5は2といくつに分かれるかな？」

足し算に少し自信がもてるようになった子どもが、次に引き算に興味をもつのは、ごく自然な流れです。引き算は足し算に比べて、よりむずかしいものというイメージをもたせないようにするには、どんな工夫が必要でしょうか。

足し算と引き算は深い関係で結ばれています。いうまでもなく、足し算が基礎であり、引き算は足し算の応用形、あるいは発展形ですが、じつは、足し算の中に、すでに引き算の考えが含まれているのです。

ある物語の中で、主人公ペンペンは虹の国の青色の妖精から、ブルーベリーの実を10個オミヤゲにもちかえってよいと言われました。それから、妖精に、「ここにさっき私が摘《つ》んだ6個のブルーベリーがある」と言われたのです。

さて、ペンペンはあと何個ブルーベリーを摘めるかな?

これは、子どもと作る物語の中での話です。ペンペンは、あるペンギンの赤ちゃんの縫いぐるみに子どもがつけた名前です。ブルーベリーでなくても、実際にキッチンにあるものを使って、こんなふうに言葉がけをしてみてください。

ここで、子どもに「引き算を使うんだよ」とか、「10引く6は?」とか教えてしまうと面白くありません。子どもは、言われたとおりに機械のように計算することに慣れてしまいます。子どもが考え始めたあとは、いっしょに考えてかまいません。大切なのは、子どもが自分で考え始めるような言葉がけをすることです。

答えを教えるのではなく、考えることの楽しさを教えるべきです。答えは間違っていてもかまいません。むしろ、間違ってもいいから予想を立て、それを口に出して言ってみることが大切です。

「もう6個摘んできてあるんだよ。全部で10個にするには、あと何個摘んでくればいいかな?」

子どもが考え始めたかどうかは、子どもの目を見ていればわかります。「えーと、いくつかな」などと言葉に出していなくても、考え始めた子どもには、「いっしょにかぞえてみようか」と言葉がけをします。

もう6個あるのだから、「7、8、9、10」と子どもといっしょにかぞえていき、「ほら、10個になった。いま、何個もってきた?」と聞いてみます。

すると、子どもは、「5個かな? あれ、4個かな」と言うかもしれません。ここでは間違えてもかまいません。もう一度やってみる子は、やる気モードに入っています。間違えるということは考えているということなのです。

考えているとは、脳を活性化させているということです。人間は、起きている間、ずっと意識はありますが、集中して考えられる時間は限られています。

どうせ足し算か引き算をするんでしょ。どっちをするのか、早く教えてよという態度が身についてしまった子どもでも、このような会話を何度かしていくうちに、そのような態度はだんだんと薄れていきます。イヤイヤお勉強をするよりも、自分で考えるほうがずっと楽しいことに気づくからです。

この気づきは、親から褒められることで、さらに強化されます。予想は間違ってもいいんだよ、とはげましたのであれば、間違った予想に対しても、「よく予想したね」と、まずは予想をしたこと自体を褒めなければなりません。

幼児には時間内に問題を解かなければならないという制約もありませんし、間違ってはいけないという決まりもありません。子どもが安心できる落ち着いた雰囲気の中で、じっくりと、状況を数学的にとらえる感性を育てましょう。

「あといくつで〜になるかな?」は、すでに知っている足し算という梯子《はしご》を使って、引き算の考え方に自然に入っていける魔法の言葉です。

言葉がけのコツ

考えたことをその場で褒める

06

1+1=2じゃないこともあるね

子どものお話を聞こう

「へー、1になることもあるの?」

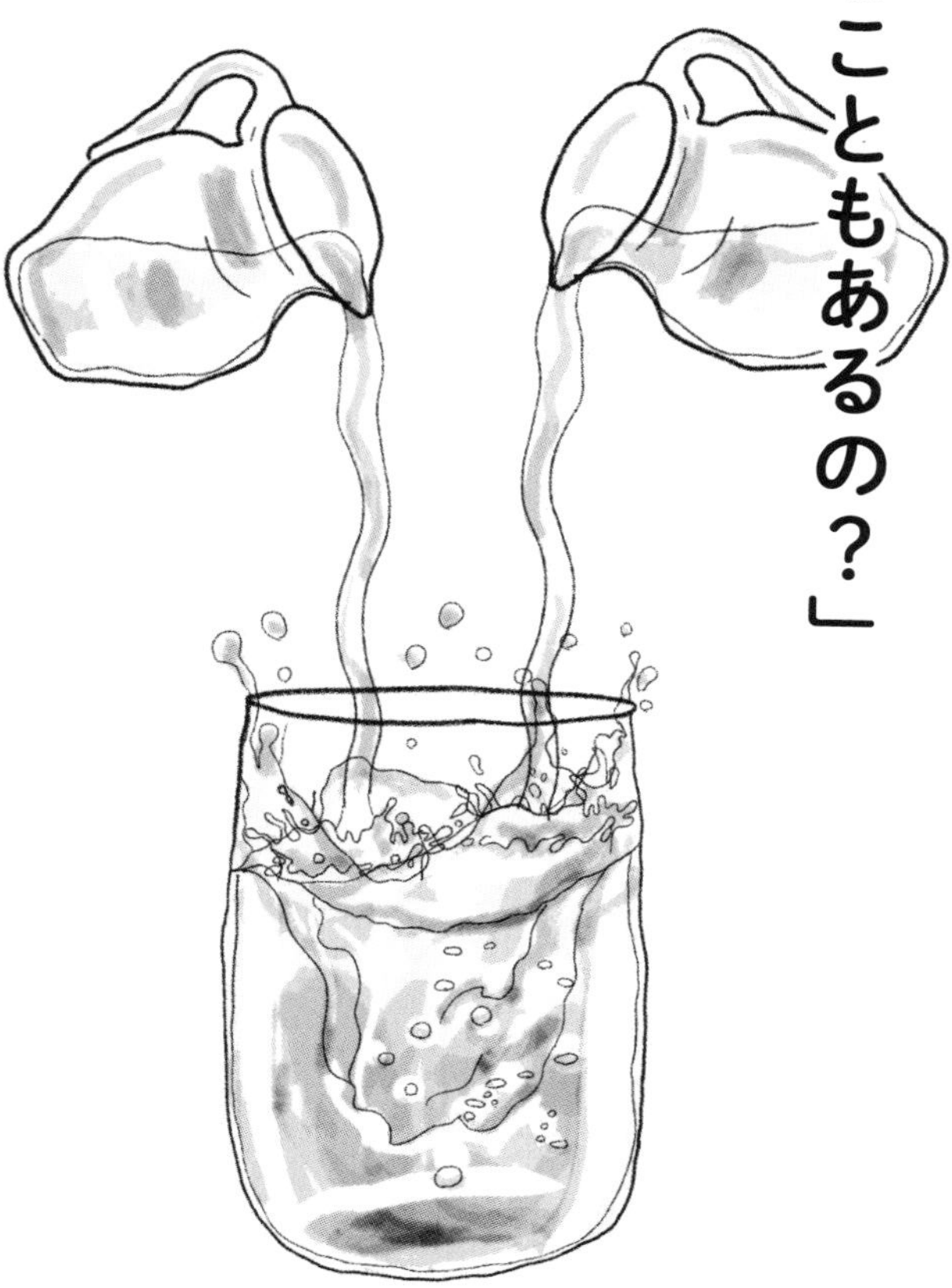

小さな子どもにとって、毎日は発見の連続です。身のまわりで起こるいろいろなこと、考えたこと、想像したことなどを子どものほうから、子どもの視点で話してくれることがあります。

そんなときには、しっかりと耳をそばだてて聞いてあげましょう。子どもの話には、大人がつい見過ごしてしまう、面白くて深い、ちょっと哲学的なものの見方が含まれているかもしれません。

「あのね、1＋1は2じゃないんだよ。1になることもあるんだよ」

例えば、こんなことを言う子もいます。

このとき、子どもは、1＋1が2にならない世界があったらどうだろうかと、想像の世界で遊んでいるのかもしれません。あるいは、具体的に何かを見てそう思ったのかもしれません。

子どもがそんなお話を始めたら、とにかくよく聞き、聞いている姿勢を示すことです。

「へー、本当？　1になることもあるの？」と驚くだけでかまいません。それだけでも、子どもは、自分の考えや気づきを話してくれるでしょう。

「どんなときに1になるの？」と関心を示す言葉を言ってあげると、子どもはさらに話しやすくなります。ぜひ、その子だけの面白い話に、耳を傾けてください。

1＋1の話に戻ると、確かに現実世界では、1＋1はいつでも2になるとは限りません。誰でも毎日経験しているように、スーパーでは、1個100円のりんごが2個のパックでは180円で売っています。もし、1＋1＝2が正しいのなら、りんご2個は200円で売るべきですが、ここではその期待が裏切られることにこそ意味があるのです。

だからといって、数学は現実の役に立たないとか、間違っているとは誰も思いません。1＋1が2にならないこの現実も、1＋1＝2になるという数学の1つの応用、人間が作り出した変形バージョンです。

このように、数学の計算が文字どおり現実にも成り立つ場面は、そう多くはありません。むしろ、現実の世界と数学の世界が異なっていながら、まったく無関係ではないことから、数学は現実の問題を考える際の、有効なモデルとして役に立つのです。

発明王で知られるエジソンについて、こんなエピソードがあります。

エジソンがまだ小学生のとき、なぜ1＋1＝2なの？　1つの粘土と1つの粘土を合わせたら、大きな1つの粘土のカタマリになるよ、と先生に聞いたそうです。

確かに、この世界にはかぞえられるものと、かぞえられないものがあります。ドングリは1つ、2つとかぞえられますが、水はかぞえられません。

水はコップに注いだとき、1杯、2杯とかぞえられますが、水そのものはかぞえられず、コップではなく、もっと大きな容れ物に注ぎ替えると、かぞえる単位が違ってきてしまいます。

粘土も同じで、カタマリの大きさを変えると、それまでの単位で測った個数は崩れてしまいます。将来有名になるエジソン少年には、先生を困らせようという意図はありませんでしたが、聞かれた先生は困ってしまったのだそうです。

1＋2＝3のような計算は現実そのものではなく、これを現実に当てはめるときには、ある前提が必要になります。

足し算や引き算の計算が現象に比較的うまく当てはまるのは、個数がうまく定義できる対象に限るのです。『りんごが3個あります。みかんが6個あります。合わせて何個ですか？』のような問題ばかりやっていると、子どもはあまり考えずに機械的に足し算の練習をするだけで終わってしまいがちです。でも、まったく味の異なるものを足すことに、どんな意味があるのでしょうか？

こんなときには、親のほうから、「あれ？　りんごとみかんって足せるのかな？」などと言葉をかけてあげれば、子どもも、何だかこの問題おかしいぞと気づくかもしれません。

言葉がけのコツ

子どもの話を驚いて聞いてあげる

07

話しかけ方の工夫

「さあ、何ができるかな？」

子どもに話しかけるときは、多少大げさな演出も必要です。

工作が好きな子どもに、さあ、工作をするよ、と話しかけると、子どもは、わくわくして、「何を作るの？」と聞いてきます。このときすぐに、「サイコロを作るよ」と答えてしまったのでは面白くありません。

もちろん、サイコロを作るのは悪いことではなく、面白い題材です。面白くないのは会話のもっていき方です。「さあ、何ができるかな？ 楽しみだね」と言ったほうが、子どものわくわく感はずっと高まるのです。

気心の知れた子どもとの会話の楽しさは、こんなちょっとした話の展開にあります。子どもに謎をかけて考えてもらうのです。そうするだけで、子どもはぐっと会話にのめり込み、子どものほうからもいろいろな意見や反論が出てきます。

ところで、ここでは話の例としてサイコロを取り上げました。小学校では、サイコロの展開図が何通りあるかを扱うこともありますが、たいていの幼児が知っている展開図は多くても1種類しかありません。ですが、サイコロの展開図の中には、とても意外な形もあるのです（45ページ参照）。

子どもは、絵を描く、切る、折るという作業を、何ができるかなとわくわくしながら行います。

小さい子どもに対しては、いろいろな展開図の中から、子どもが知らなそうなものを選んで、工作用紙に赤ペンで展開図の形を描いておき、線に沿って切ってもらいます。

そうすると、切り始めてすぐに、「もしかしたら、これ、サイコロじゃない？」と言ってくるかもしれません。「そうだよ、サイコロだよ。よくわかったね！」と褒めてあげましょう。

はじめは、褒めるタイミングがわからないかもしれませんが、子どもが何かに取り組んでいるときは、子どもを褒めるチャンスです。子どもの作業を見守り、時には手助けをしてあげながら、何かが一歩進展したときにそのつど褒め、最後に出来上がったときにまた褒めればいいのです。

このように、子どもに何か具体的な課題が与えられている状況は、親にとって褒めるチャンスであるだけでなく、子どもにとっても、褒められる理由がわかりやすいのでおすすめです。

サイコロの展開図がうまく切り取れたら、それを折り曲げる前に、各面に数字を書きます。数字を書き始めたばかりの子どもは、喜んで書きます。このとき、「このサイコロはずっと使えるから、丁寧に書いてね」と言いましょう。

ただし、速さと丁寧さは常に対立します。どちらかを優先すると、片方はおろそかになるものです。子どもが相当大きくなってからも、「早く丁寧にやりなさい」などと、同時に2つ以上のことを要求するのは、上手な言い方ではありません。

子どもは早くサイコロで遊びたいので、早く作ろうとしますが、「丁寧にできたね」とか、「この丸い線が本当に上手だね」というふうに、早くできること以外にも褒めるポイントはたくさんあります。

数字は、子どもにとってはじめて書く文字であることが多いので、子どもは数字に対してユニークな視点から、実にいろいろなとらえ方をします。数字を見れば子どもの性格がわかるし、**面白い線の書き方の中に、その子なりの発見や考えが込められていることが多**いのです。例えば、「2」を下から書く子は、安定した直線部分から書き始めるほうがうまく書けることを知っているのです。

大人の視点から見ると間違っているように見えても、子どもが描くそれぞれの数字の線には、数字の特徴の何かがしっかりと、とらえられています。

数字を書くかわりに、実際のサイコロをよく見て、大きな赤丸を描いたり、小さな黒丸を描いたりするのも楽しい作業です。

「さあ、どんなサイコロができるかな？　これは、アキちゃんだけの、アキちゃんサイコロだね」

言葉がけのコツ

わくわく感を高めてあげる

コラム

アール階って？

お話が上手で、何でも自慢することが大好きな3歳の男の子と、凧あげについて話していたときのことです。その子は、「ぼくの凧はね、すごく高くまで飛んだんだよ。アール階まで飛んだんだよ」と言いました。わたしは、「アール階まで飛んだの？ すごいね」と言いました。

アール階とはもちろん、マンションの屋上のことです。でも、なぜその子は屋上階のことをアール階と言ったのでしょうか。もうおわかりですね。マンションのエレベーターには「R」というボタンがついていることがあります。それ以外のボタンはすべて数字ですが、いちばん上のボタンにはなぜか「R」と書かれているのです。その子が住んでいるマンションのエレベーターもそうでした。

子どもは、エレベーターの1のボタンを押すと1階で止まり、2のボタンを押すと2階で止まることを経験から学びました。そこで、Rのボタンを押すとR階で止まると考えることは、まったく自然で、そこには何の不合理さもありません。

子どもは、身のまわりで起こるいろいろなことを、いつも驚きの目で見ていますが、単に知識を取り込むだけではなく、取り込んだ知識をもとに頭の中で論理的に考えることも行っているのです。

コラム

サイコロの展開図

サイコロの形は立体の中で最もわかりやすいものです。これは高さ、幅、奥行がすべて同じ長さの箱型といってよいでしょう。

サイコロの展開図には、いろいろな形のものがあります。それらは、回転したり裏返したりすると、下図の11種類のどれかに必ず重ねられます。つまり、この図はサイコロの展開図をすべて集めたリストになっているのです。

これらの形の中で、誰でもすぐに思いつく展開図は「十字架の形」です。また、T字型、Z字型を思いつく子どももいます。それ以外のものの中には、とても展開図に見えないものが多く含まれています。

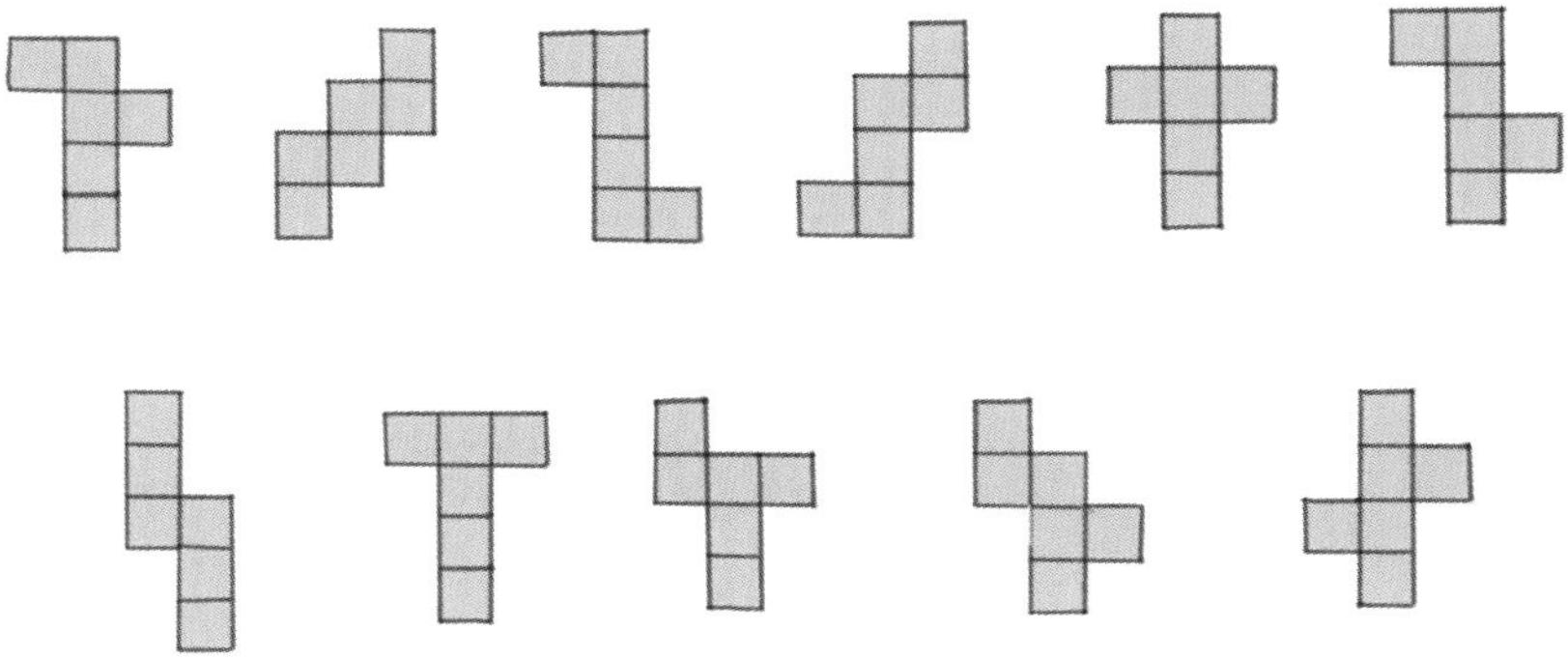

「『半分』は『2分の1』とも言うんだよ」

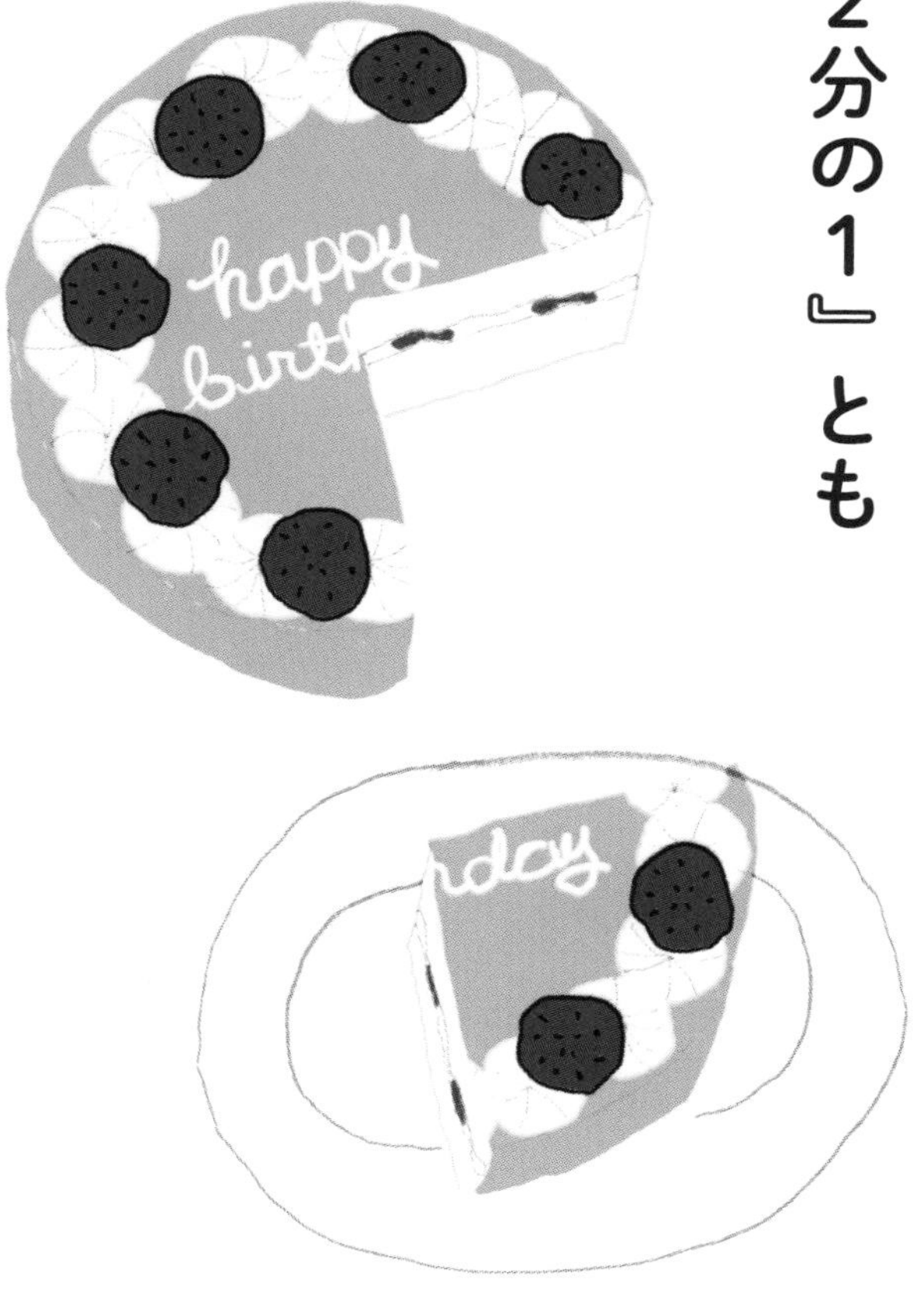

分数は小学校の高学年で習うものというイメージがあり、そのためか幼児に教えるのは、まだ早すぎるのではないかと思われがちです。でも、２分の１や３分の１のような簡単な分数は、実は、日常的な会話の中でもよく使われています。子どもは、分数が書けるようになる前から、言葉としての分数には出会っているのです。

小学校の高学年では、分数どうしの四則演算（足す・引く・掛ける・割る）が自由にできるようになるためのテクニックを１つひとつ学びますが、日常よく使う分数の意味については、すでに低学年でも教えています。その一部分は、小さな子どもでも、ある程度は理解できます。

子どもが「半分」という言葉を覚えたときが、分数の意味を教えるチャンスです。例えば、台所で調理をしながら、「『半分』のことを『２分の１』とも言うんだよ」と言ってあげます。

興味をもった子には、さらに「３つに分けた１つ分のことは『３分の１』って言うよ」と、短く、わかりやすく説明すると、子どもはすぐに理解します。

日常生活で最もよく使うのは、２分の１、３分の１のような分子が１である分数（単位分数）です。幼児には、まず単位分数を教えます。そして、だんだんと分数に慣れてきたら、３分の２や、４分の３などの日常よく使う分数を何気ない会話の中に登場させてみましょう。

分数の量としてのイメージがよくわかる絶好の機会は、お誕生日のケーキを家族全員で分けるときです。「ケーキを食べる人は４人だから、アキちゃんは４分の１だね。４つに分けたうちの１つね」などと言いながら、お皿にケーキを切り分けます。すると、ビジュアルで４分の１の意味を感じることができます。

こうした機会があるのは、なにもお誕生日のときだけとは限りません。

ホットケーキやピザのように、丸いものを等分する場面であれば、いつでもできます。丸いもののほうが分数の意味を理解しやすく、小学校で学習する円グラフのイメージにもつながっていきます。

また、りんごやスイカなどの球形のものを使ってもよいです。円や球という平面や立体の形への興味も、より高度な数学への関心につながります。

台所でりんごを切るとき、「これが2分の1で、4分の1はこれだけの大きさになるね」と話しながら切り分けていきます。こんなふうに具体物を使って説明すると、少し大きな子は2分の1と4分の1を合わせると、4分の3になることがすんなり理解できるようになります。

さて、分数にだいぶ慣れてきた子には、みかんをむいて、中にある房の数をかぞえる実験をしてみましょう。「このみかんは房が10個だから、ひと房はみかん1個の10分の1だね」

などと言葉をかけます。

「このみかんは房が何個あるか予想してみよう」と言って予想させてからむくと、実験の楽しさも倍増します。

「房の数はどのみかんも同じかな？」

たいていのみかんの房の数は10個前後ですが、中には12個以上あるみかんもあるようです。「房の数が多いほど、美味しいらしいよ」などと言えば、かぞえることがさらに楽しくなりますね。生活の中のいろいろな場面で分数を発見してみてください。

歴史を遡ると、分数の概念は、資源を均等に分配することと密接に関係しています。すでに古代エジプト時代には、分数を表わす記号が使われていたということです。

ただし、同じように分数を使っているように見えても、「節分の豆20粒を4人で分けると、ひとり分は20の4分の1だから5個だね」のような、たくさんの数を分けるような場面は、分数について学ぶのに適当ではありません。こちらは、むしろ、20÷4＝5という割り算に適した場面になります。

言葉がけのコツ

具体物を使ってかぞえてみる

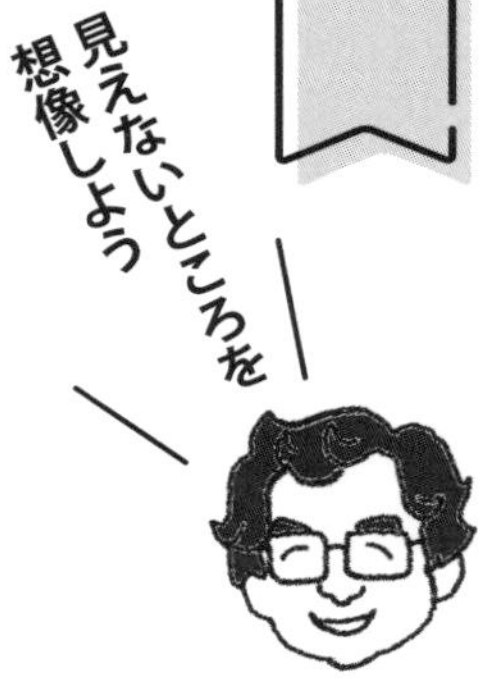

「この下にも、もう1つあるよ」

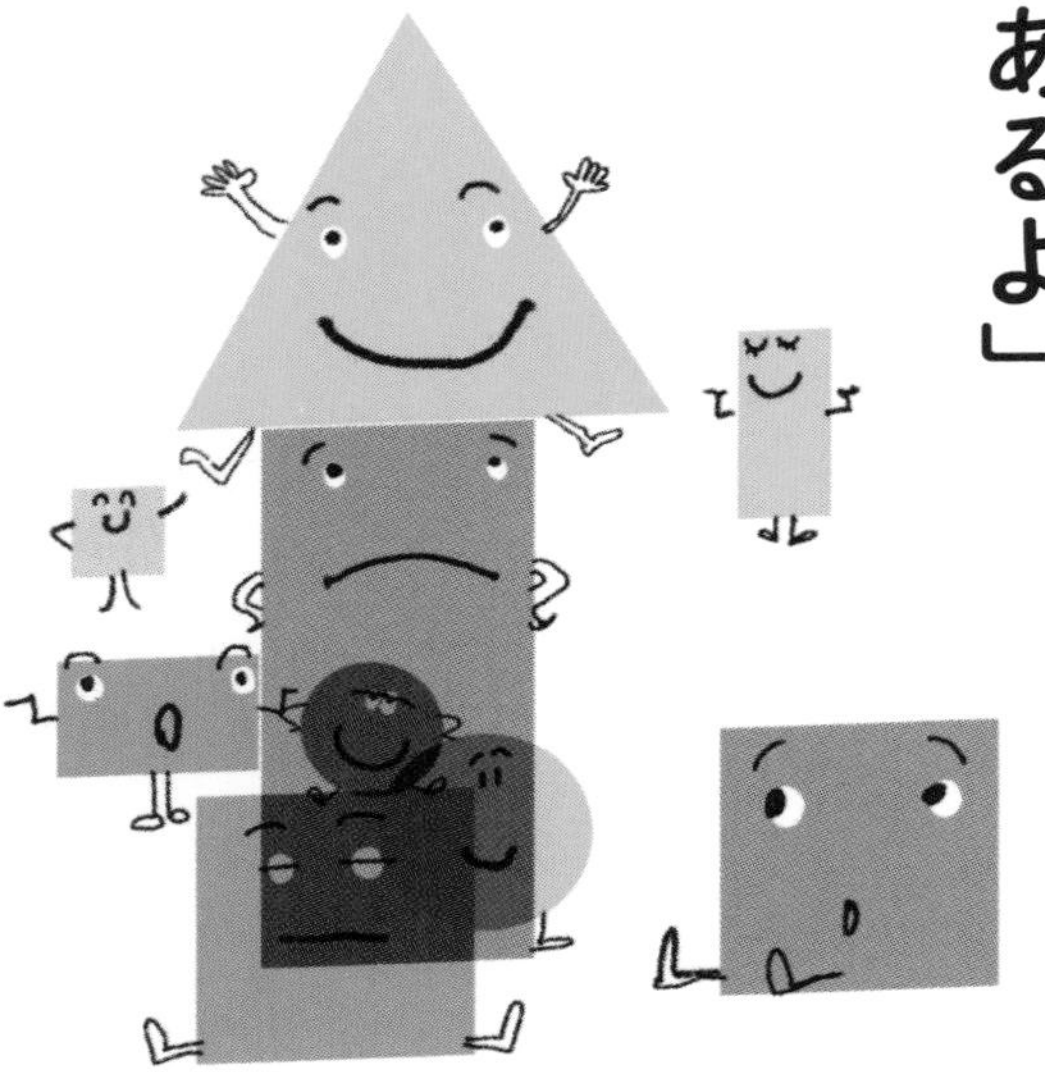

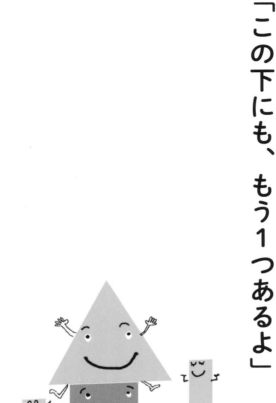

子どもが目の前にあるものの数をかぞえることに慣れてきたら、今度はサイコロのような立方体の積み木を使って、積まれた積み木の数をかぞえるゲームをしてみるのも面白いです。

用意するものは、12〜20個くらいの同じ大きさの立方体の積み木です。もしなければ、100円ショップでも一辺が3センチの立方体の木片を数個まとめて売っています。

まず、積み木を積んでいろいろな形を作って遊びます。例えば、階段の形やお城の形などを親が作って、子どもに「同じ形を作ってみて」と言ったり、好きな形を作らせます。

子どもが積み木に馴れてきたら、52ページ上図のように積んで、「積み木は全部でいくつあるかな？」と聞いてみます。このとき、積み木を積んでいるところをなるべく子どもに見られないようにしましょう。

かぞえ方は子どもによっていろいろですが、きちんと順番にかぞえないと、かぞえ落としたり、同じ積み木を二度かぞえてしまったりします。

また、積み方によっては見えない積み木ができます。小さい子どもは見える積み木だけをかぞえてしまうことがあるので、「この積み木の下にも、もう1つ積み木があるよ」などとヒントを出してあげます。

さらに、「もし下に積み木がなければ、上の積み木が落ちてしまうよ」と言って、実際にやって見せると、子どもは積み木が宙に浮いていることがないことを理解するでしょう。

表から見えなくても裏から見れば…

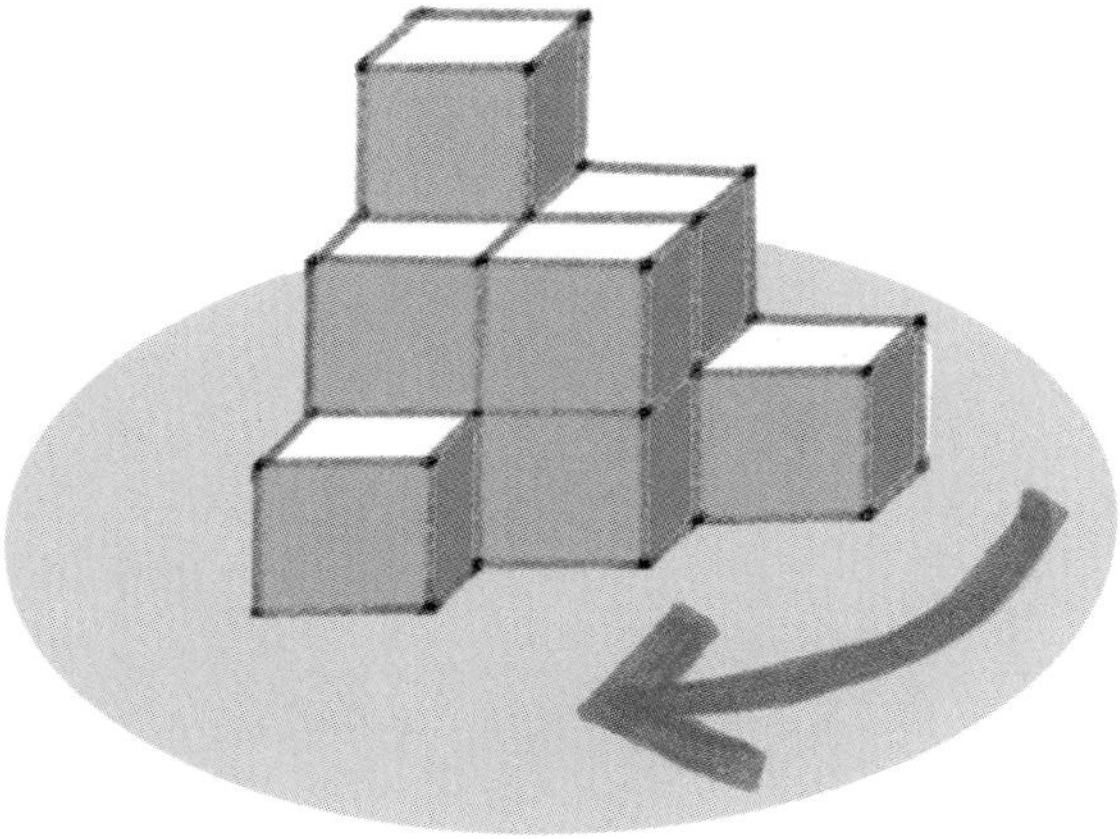

回してみると…

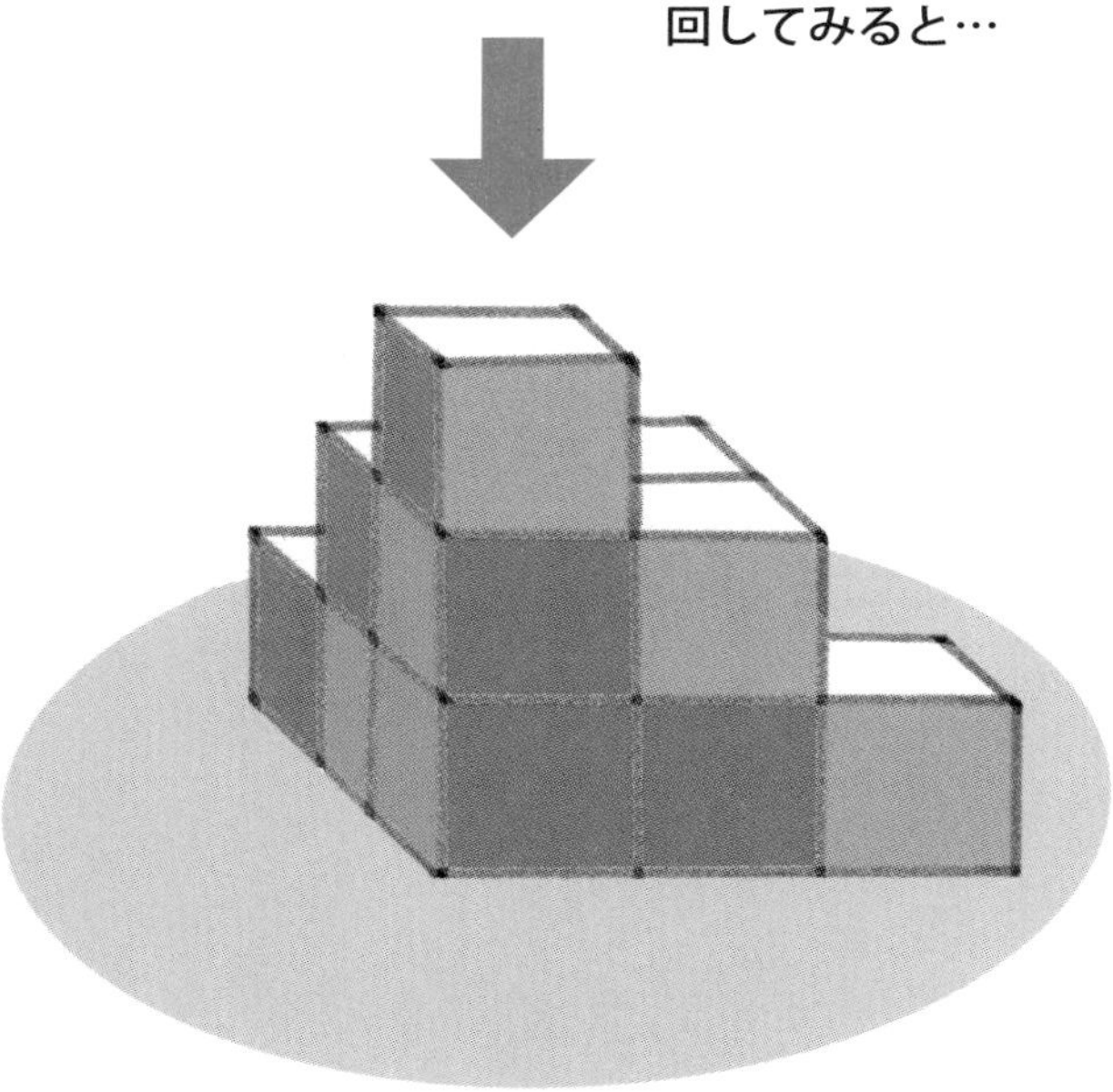

見えない積み木も、右ページ下図のように裏側から見ると見えることがあります。

積み木を平らな板の上などに積むと、板ごと回転させて、裏側のようすを簡単に確かめられます。**積み木の山をかぞえるゲームでは、見えない積み木があることが大切**なので、積み木をバラバラに崩してかぞえてはいけません。崩してかぞえようとする子には、「見るだけでかぞえられるかな?」と言葉がけをします。

どうしてもうまくかぞえられないときは、積み木を少しずらして、見えない積み木が少しだけ見えるようにしてあげます。こうして、積み木の山を列ごとにかぞえれば、むずかしい積み木の山でも何とか、かぞえられます。

山の形によっては、積み木を上下の層ごとに分けたほうが確実にかぞえられる場合もあります。子どもが混乱しているときは、「1階には何個?」「2階には何個?」と順番に聞いていくか、あるいは実際に層ごとに別の場所に取り出して、置いてみるのもいいでしょう。

だんだんと積み木を動かさなくても、頭の中だけで列に分けたり、層に分けたりする操作ができるようになります。

言葉がけのコツ

ヒントをたくさん出してあげる

10 どっちの手に入っている？

数を分ける感覚をゲットしよう

「こっちには何個入っているかな？」

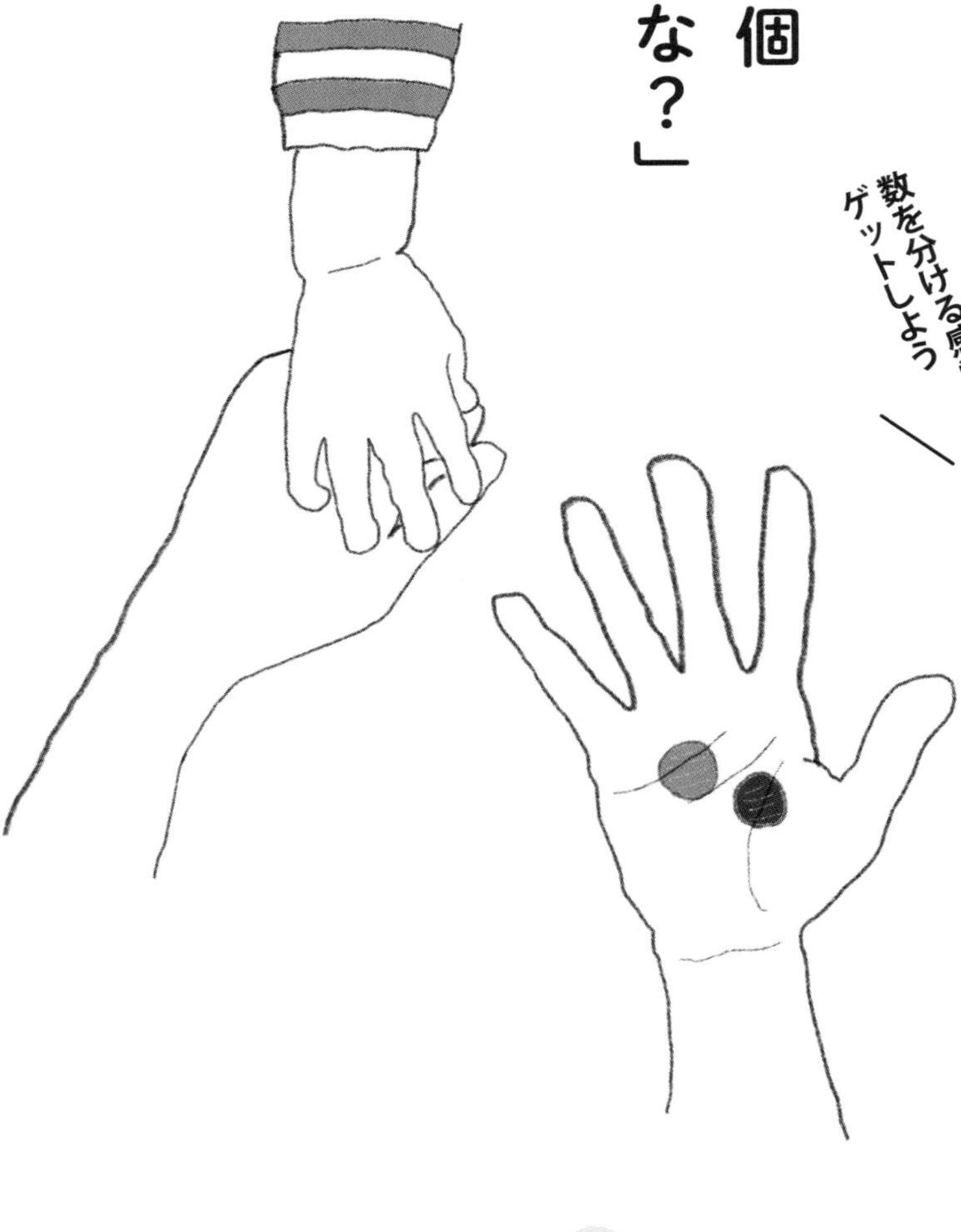

小さい子も大きい子も、当てっこゲームが大好きです。じつは当てっこは、幼児の探求心を刺激し、現象を観察して予想を立てる科学の営みの萌芽《ほうが》です。

おすすめは、おはじき（なければキャンディなどのお菓子でもいいですよ）を使ったゲームです。おはじきを手に隠して、「どっちの手に入っている？」と聞くと、「どっちかな。こっち！」と言って喜んで遊びます。

このゲームは、数を増やしても続けられます。幼児では、5個までの当てっこができるようになることをひとつの目安とします。

やり方は、まず3個のおはじきをテーブルの上に置き、子どもといっしょにかぞえて、3個あるねと確認します。

次に、その3個のおはじきを両手に握って隠します。例えば、右手に1個、左手に2個入れたとします。

最初に、左手で右手を指して、「こっちの手には何個入っているかな？」と聞きます。子どもは何か答えたり、あるいは、わからないなーという顔をしたりしますが、ここではすぐに右手を開いて見せてあげましょう。「1個だったねー」。もちろん、右手には1個入っています。

さらに次に、残っている左手を出して、「じゃあ、こっちには何個入っている？」と聞きます。子どもは今度はしばらく考えるかもしれません。もし正解したら、少し大げさに褒めてあげましょう。

間違えた場合は、おはじきの数を少なくしてやってみて、その子にとって、ちょうどいい数を見つけます。

ゲームはお勉強ではなく、あくまでも楽しい遊びなので、子どもが間違っても気にしたり、できるまで考えさせたりしないようにしてください。子どもの年齢と数感覚の発達に合わせて、少しずつ数を増やしていけばいいのです。先へ先へと子どもを追い立ててはいけません。

もう1つ、このゲームは引き算の練習ではないことも理解しておきましょう。

「はじめにテーブルの上に5個のおはじきがあり、それを両手に隠して、右手を開いたら2個ありました。では、左手には何個入っていますか?」

このように尋ねると、小学生ならば5－2＝3だから、答えは3個だと答えるでしょう。

確かに、足し算、引き算という形式に当てはめるならば、それが正解となります。しかし、それはこのゲームが意図することではないのです。

大人は、長年受けてきた教育の影響から、数学とは問題を与えられた形式に当てはめることだと思い込んでいます。

小さい子にはそのような思い込みはありません。まだ引き算を習っていない

幼児は、5−2＝3という発想では考えません。幼児は、このようなゲームを通して、5は2と3に分かれるという数の性質を驚きをもった事実として受け入れ、自分の中の実感として脳に刻みます。

幼児期に獲得した直感的な数感覚が基礎になり、学校に上がったときに習う計算に伴う言葉や式、つまり、5−2＝3や2＋3＝5などの形式を学習することが可能になります。

しばらく遊んでやり方がわかったら、役割を代わってみるのも楽しいです。

子どもは親のすることを真似るのが大好きなので、「今度はヨシくんが問題を出して」と言うと、喜んで問題を出してくれるでしょう。

子どもに問題を出されたら、親はすぐには答えずに、少し真剣に考えてから、「えーと、3かなあ」などと言ってみます。正解だったら、子どもといっしょに喜びます。そして、親のほうがわざと間違えてみるのも会話を楽しくする演出です。ぜひ、いろいろなバリエーションを楽しんでみてください。

間違っても気にしない

コラム

「サビタイズ」する力

サビタイズという英語があります。

アメリカ英語だとスービタイズに近い発音ですが、これは、「目の前にある物の個数をかぞえずに即座に認識する」という意味になります。ここで、「個数をかぞえずに即座に」という部分が、かなり重要です。

手の指を使ってかぞえるという行為では、目の前の物と、例えば手の指との間での1対1の対応を使っています。また、「1、2、3…」という数を表わす言葉とも対応させていますね。つまり、いろいろな認知能力の連携プレーです。

サビタイズは、日常生活でよく使われるスキルであり、足し算などを始める前の段階の基礎力として身につけておくべきスキルだといわれています。

でも、実際は生まれて数週間の赤ちゃんにも3までの物の個数をサビタイズする能力があることが実験でわかっています。

つまり、「1、2、3…」という言葉を操れるようになる前から、ある程度の数感覚はあるということです。そして、じつは大人でもサビタイズできる最大個数は通常5までです。

呼び鈴の音などを耳で聞いて認識できる数の範囲はそれよりも少し大きく、7つぐらいまでの音が連続して聞こえてきたときに、かぞえなくてもその数がわかるそうです。

第2章

「形への関心」が育つ言葉がけ

第2章のコラム

形への関心が育つ言葉がけ

「数」と「形」は小学校算数の基礎であり、形への関心もまた生まれながらのものです。この章では、形を描いたり、身のまわりにある形を見つけたり、形を使ったいろいろな遊び—形遊び—をする中での、言葉のかけ方や話し方を紹介します。

鉛筆のもち方は、お箸のもち方と同じです。お箸がもてるようになる時期に合わせて、子どもにはなるべく早く、鉛筆の正しい持ち方を教えます。正しい姿勢も大切です。子どもは、1本の線を引くことから始めて、楽しみながら徐々にいろいろな線が引けるようになっていきます。

子どもにとって、いちばん身近な形は、マル、サンカク、シカクです。ほとんどの工業製品は、直線で囲まれた四角い形をしています。身のまわりからいろいろな形を見つけて、名前をつけて分類してみましょう。三角はお山の形、四角はテーブルの形など、独自の名前をつけて楽しみましょう。

形への興味を誘うのに、「点つなぎ」（70ページ）は最適の遊びです。

数についてもそうですが、形についても、知識を教え込むのではなく、例えば紙の上に描かれた点を見て、つないでいったらどんな形が出てくるかな？　と、わくわくする体験を子どもといっしょに楽しむようにします。

いろいろな形に興味をもち、前・後・左・右などの方向を表わす言葉もある程度自由に使えるようになったら、この章で紹介する地図作りなどの遊び（74ページ）で、平面や立体の感覚を育ててみましょう。

形は、もともと現実に存在するものの形ですが、立体の形の特徴を正確にとらえることは、見ただけではむずかしいことがあります。そこで、いろいろな視点から立体を眺めたり、立体を切って、その切り口がどうなるかを見て話題にするなど、立体に対して積極的に働きかけることがポイントです。

平面の図形にもいろいろな面白い特徴をもったものがあります。1つの図形をずらしたり回転したりしていくつも並べたり、裏返したりすると、全体で1つの統一性のあるパターンができます。このような図形の特徴を遊びながらとらえられるようになると、形への理解がさらに深まります。

形についても、親が教え込むのではなく、自然な会話の中で図形が見せてくれるいろいろな側面を子どもといっしょに楽しむのがコツです。子育ての時間を利用して、図形感覚を親子でいっしょに伸ばす機会にしてしまいましょう。

01

線を描いてみる

「これは何の絵かな?」

もともと幼児は形遊びが大好きです。形にはいろいろなバリエーションがあり、クレヨンや鉛筆を使って自由に自分の好きな形を作り出すことができるだけでなく、できた形にはいろいろな意味や味わいがあるからです。

小さな子どもには、なるべく早い時期にクレヨンをもたせるのがよいと思います。クレヨンをもった子は、はじめは決まって舟を漕《こ》ぐように往復する直線の束を描きます。それだけでも本人は結構楽しんで描いているのですが、やがてしばらくすると、ぐるぐる曲線（らせん）を描く次の段階に進みます。この時期の子どもへの言葉がけの基本は、やはり褒《ほ》めることです。

できたものがどんなに単純な線でも、「上手に描けたねー」と無条件に褒めることで、子どもの中に次のステップに進む意欲が生まれます。

このように、子どもが描く線にはある程度の法則性があり、発達段階に応じて変化していきます。心理学者や幼児教育の専門家が調べたデータがあるのですが、親としてたくさんの専門書を読んだり、他の子と比較してどうだこうだと考える時間はあまりないと思います。

そのかわりにおすすめしたいのは、子どもがクレヨンで自由に線を描いた紙の切れ端《はし》を取っておき、時間があるときに、スクラップ帳かスケッチブックに貼りつけておくことです。

子どもの描く線は、はじめは月齢に応じて単純な線から複雑な線へと毎月のように変化していきます。そして、幼稚園に入ってしばらくすると、絵画と呼べるほどの完成度をもった作品を相当な時間をかけて仕上げることもできるようになります。

単純で幾何学的《きかがく》なぐるぐる曲線や、ギザギザした折れ線の段階を経て、ある程度思ったものを描けるようになったら、「これは何の絵?」と尋ねてみましょう。

ただし、何を描いたのかと詰問《きつもん》するのではなく、**「楽しそうに描いているね」のように、線を描く楽しさを共有するように聞いてみましょう。**

せっかく尋ねても、子どもに、「え、これはヘビだよ。わからないの?」という顔をされることもあります。そうしたら、「ああ、そういえば、先週スネークセンターに行ったときに、こんなヘビがいたよね」とか、「絵本で見たヘビと似ているね」というように、子どもの描いた絵と子どもの体験したことを会話の中でつなげてあげましょう。

ヘビに見える？

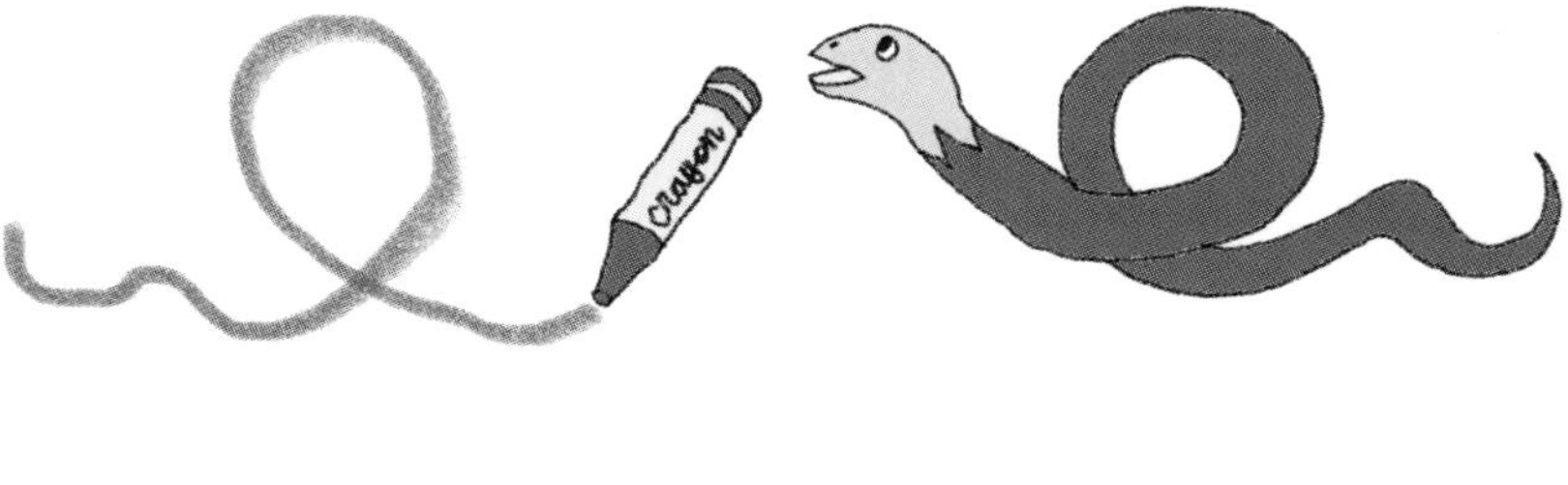

子どもは、何かの絵を描こうとしているのではなく、ただ、クレヨンの描き心地や色合いを楽しんでいるだけの場合もあります。

何の絵を描いたのかとあまり何度も聞かれると、子どもは何かの絵でなければ描いてはいけないのかと思い込み、描くことが嫌いになってしまうかもしれません。

そこで、子どもが描いた線を見るだけでなく、描いているときの表情や身振りから、子どもがどんな気持ちで何を描いているのかを察してあげることが、より大切です。

少し大きな子になると、自分が体験した出来事だけでなく、想像した物語の中の出来事を描くこともあります。そんなときは、子どもの物語を聞いて、その世界をいっしょに楽しみましょう。

言葉がけのコツ

子どもの気持ちに寄り添う

02

形の名前を覚える

「丸いものを探してもってきて」

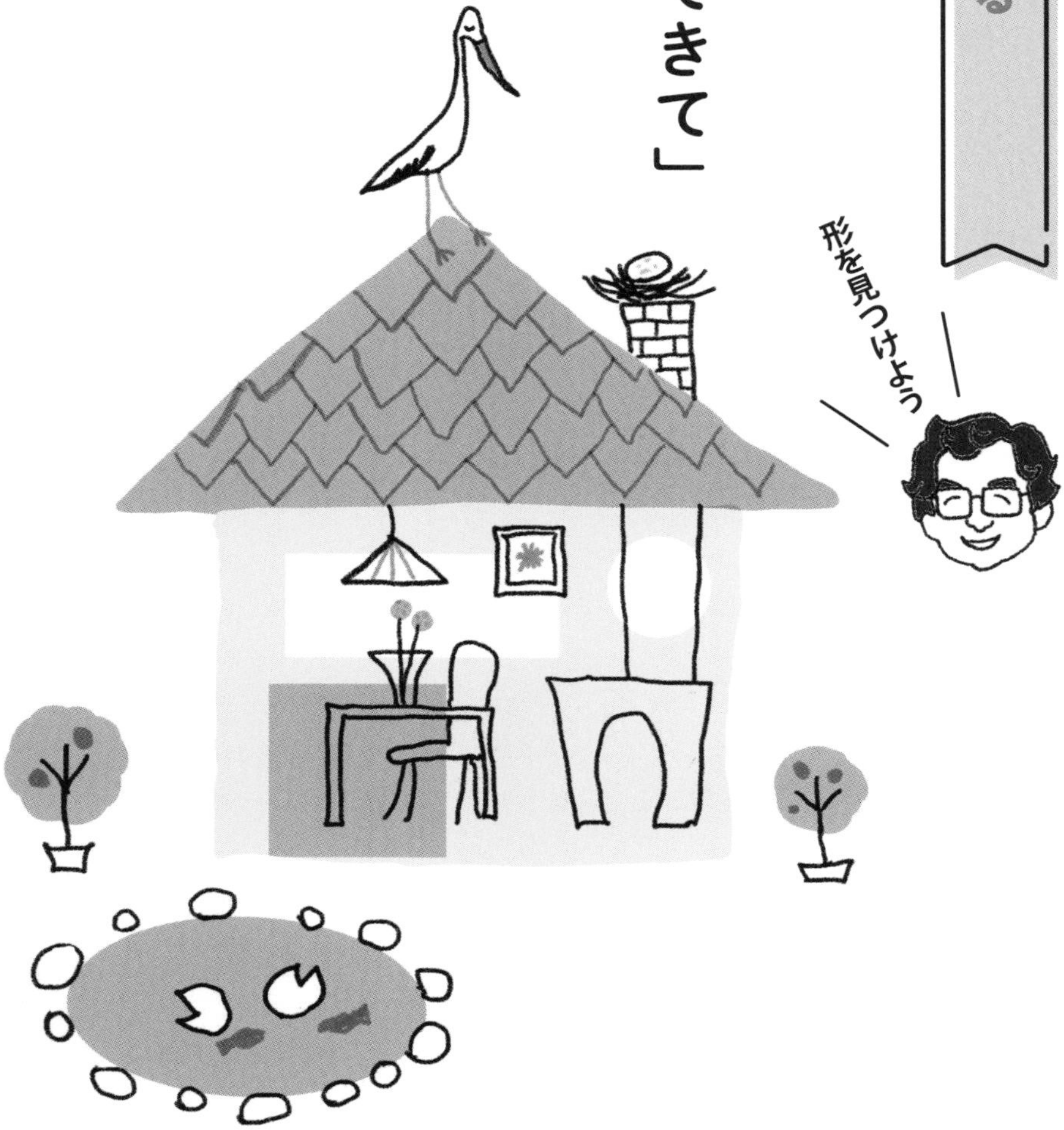

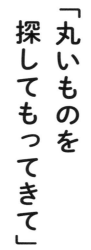

子どもにとって、いちばん身近な形はマル、サンカク、シカクです。子どもは、自分で曲線や直線を描けるようになる前から、身のまわりにあるこれらの形を認識することができます。

形の感覚は、まず、いろいろな形を認識することから始まります。

子どもに折り紙を見せて、「これは四角だね」と言葉がけをします。次に、それを半分に折って、「ほら、こうするとお山の形の三角ができたよ」と言ってみましょう。

四角い折り紙を半分に折ると三角ができることは、はじめての子どもにとっては新しい発見です。折り方を変えると、小さな四角もできますね。紙の上に丸、三角、四角などの形を描いて見せてもいいでしょう。描きながら、「これはマルだよ」と話しかけます。

丸いものには、ボタンやビンのフタ、おはじきやビー玉、おもちゃの車輪などがありますし、文房具店では丸い折り紙も売っています。

いろいろな種類の形にだんだんと慣れてきたら、「丸いものを探してもってきて」などと言葉がけをし、部屋にある物の中から形を見つける「探検ごっこ」をします。この遊びをするときは、お皿やコップなど、割れるものは片づけておきましょう。

子どもが丸いものをもってきたら、「なるほど、これも丸いんだね」と言って褒めてあげます。同じようにして、三角のものや四角のものも探してみましょう。

こうして子どもと遊んでいると、親にとってもいろいろな発見があります。日常触れるものには、丸いものは案外少なく、三角のものはさらに少ないこともわかります。丸、三角、四角にもいろいろなバリエーションがあり、また、大きい子どもには五角形、六角形まで形の範囲を広げて遊ぶこともできます。

さらに、子どもの年齢や発達に合わせて、形の範囲を少しずつ広げていくとき、具体物だけでは限界があるので、カードを使います。

例えば、丸には大きい丸、小さい丸があります。子どもは丸が少し細長くなったオーバルという形（楕円形《だえん》）にも興味をもちます。

三角と聞くと、小さい子どもは△のような、正三角形に近い三角、おにぎりの形をイメージしますが、三角にはそれ以外にもいろいろなバリエーションがあります。数学の用語でいえば、直角三角形、正三角形、二等辺三角形、鈍角三角形といったさまざまな三角の中から、ちょっと見慣れない形を描いて見せ、「これも三角かな？」と聞いてみましょう。

また、△を逆さまにすると▽という、いわゆる逆三角形となりますが、子どもはこれも三角として認識するのかどうか、つまり、同じ三角という言葉のカテゴリーに含めて認識するのかどうかは、実際に目の前にいる子に聞いてみなければわかりません。

そのとき、「これも三角だよ」と答えても、あるいは見方を変えて、「違う、これは三角じゃない」と答えても、どちらも正解だということは知っておいてください。

四角についても、数学の用語でいえば、正方形、長方形、ヒシ形、平行四辺形、台形、凧形《たこがた》があり、また、変わったものでは凹みのある四辺形も四角形の仲間です。

「ましかく」と「ながしかく」の違いについては、少し問題があります。つまり、「ましかく」と「ながしかく」を違うものと認識するか、「ましかく」もいろいろな「ながしかく」の仲間の1つと考えるかは子どもによって違い、また、同じ子どもでも年齢によって変化します。

これについても、どちらが正解とは一概には言えません。親にとっては、小学校ではどちらが正解になるのかが気になってしまうかもしれませんが、状況に応じてどちらの考え方もできるのです。

ちなみに長方形の縦と横について、日本語では、見ている人を主体として、垂直方向を縦、水平方向を横といいますが、英語では図形を主体として、長いほうの辺をlength、短いほうの辺をwidthといいます。

言葉がけのコツ

正解にもいろいろあることを知っておく

「点をつないだら、何に見える？」

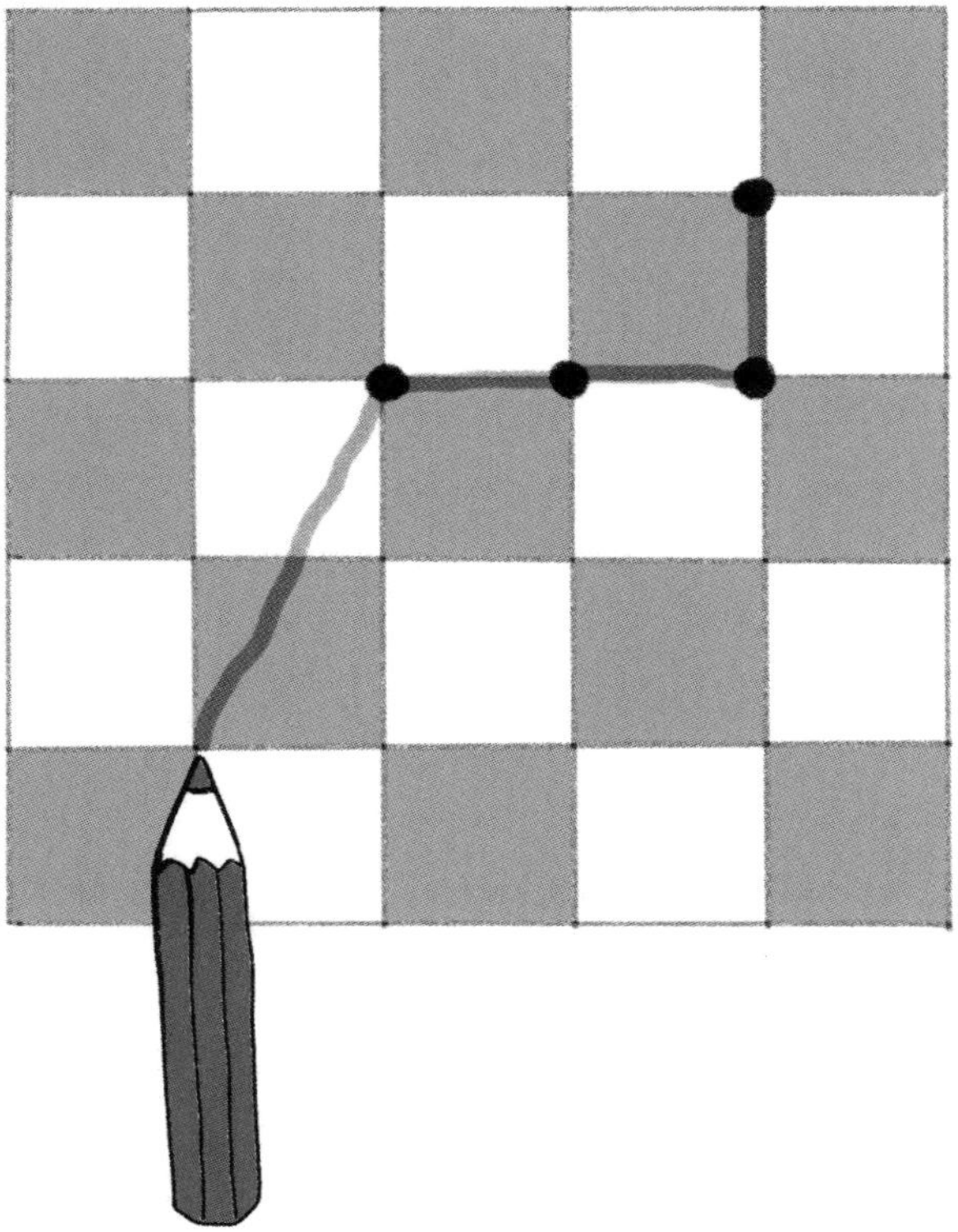

「点つなぎ」は、紙に描かれた点を線でつないで、折れ線で図形を描く遊びです。鉛筆がもてるようになり、まっすぐな線やくねくね曲がった線をなぞったり、さらに、線がないところにも自由に線を描けるようになったら、点つなぎをして遊びましょう。

遊び方：あらかじめ、紙の上に小さな黒い点を73ページの図のように格子状に描いておきます。点の個数は、小さい子どもでは縦横3マス（点の数はタテヨコ4個）から始め、年齢に応じて縦横4マスから縦横5マスへと、だんだん増やしていきます。

次に、黒い点を縦、横、斜めの線でつないで図形を描いて見せながら、「おや－、こんな形ができたよ。アキちゃんもやってごらん」と言って、子どもに鉛筆をもたせます。

「同じ形ができるかな？」

と言って、やってみてもらいましょう。

図形は、なるべく単純で真似しやすいものから始め、少しずつ複雑な形を取り入れていくようにします。描く形を決めるコツは、子どもにやって見せる前に、ランダムに点をつないで候補となるいくつかの形を描いてみておくことです。それらの中から単純なもの、わかりやすいものを選びます。

点つなぎの面白さは、点の数が少なくても、多様な図形が描けることにあります。

点つなぎでできる図形の中には、左右対称な図形や、90°回転しても変わらない図形など、数学的な観点から見て面白いものもあり、また、動物の形やおうちの形など、幼児にとって身近なものが連想できる図形も描けます。

親は、線で図形を描きながら、「これは何の形に見えるかな？」と話しかけてみてください。この質問には正解がありません。子どもならではの視点から、予想もしない答えが返ってくるかもしれません。

一方で、何の答えも得られない場合もあります。でも心配はいりません。何も思い浮かばないこともあり、その場合は答えなくてもよいのです。

むしろ、子どもが何かを答えなければいけないと思ってしまうことは、避けなければなりません。子どもが形を見て、いろいろ話し始めたら、耳を傾けて会話を楽しみましょう。

また、子どもが何も答えないときにも、子どもが図形を描いたことは事実なので、描いた図形を必ず褒めるようにします。

言葉がけのコツ

子どもが手を動かしてできたものを褒める

点をつないで絵にしてみよう

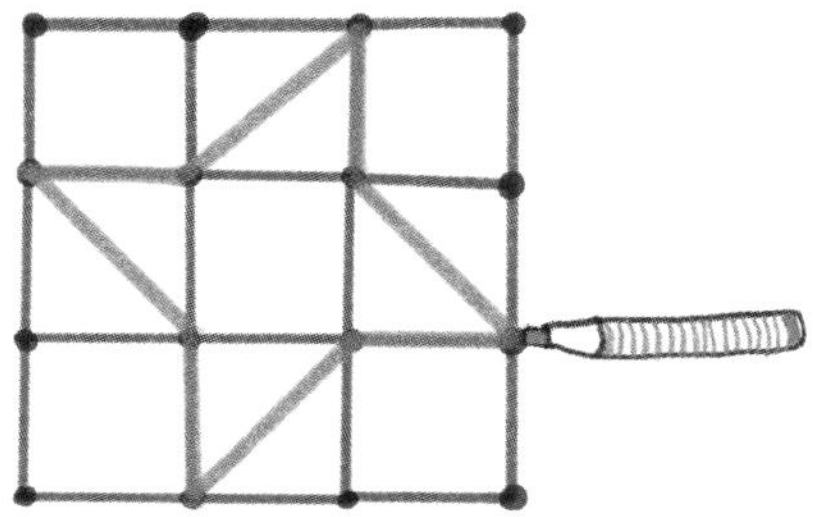

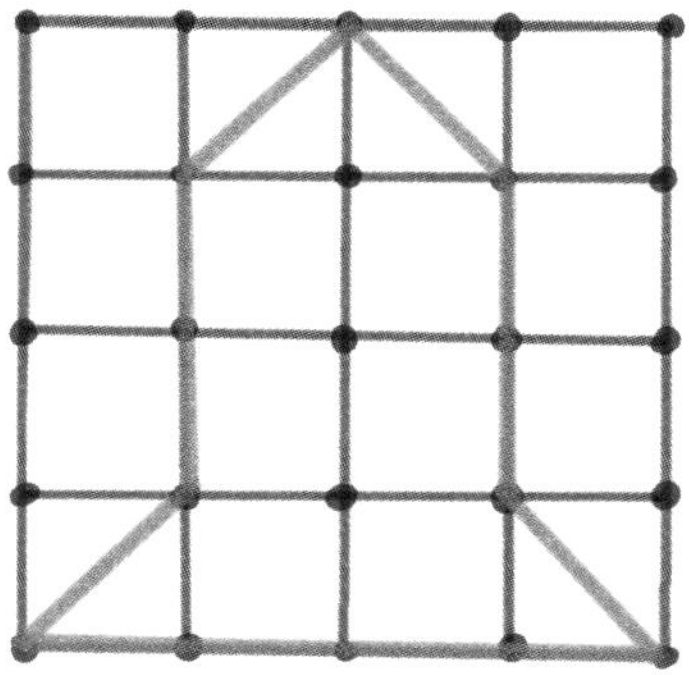

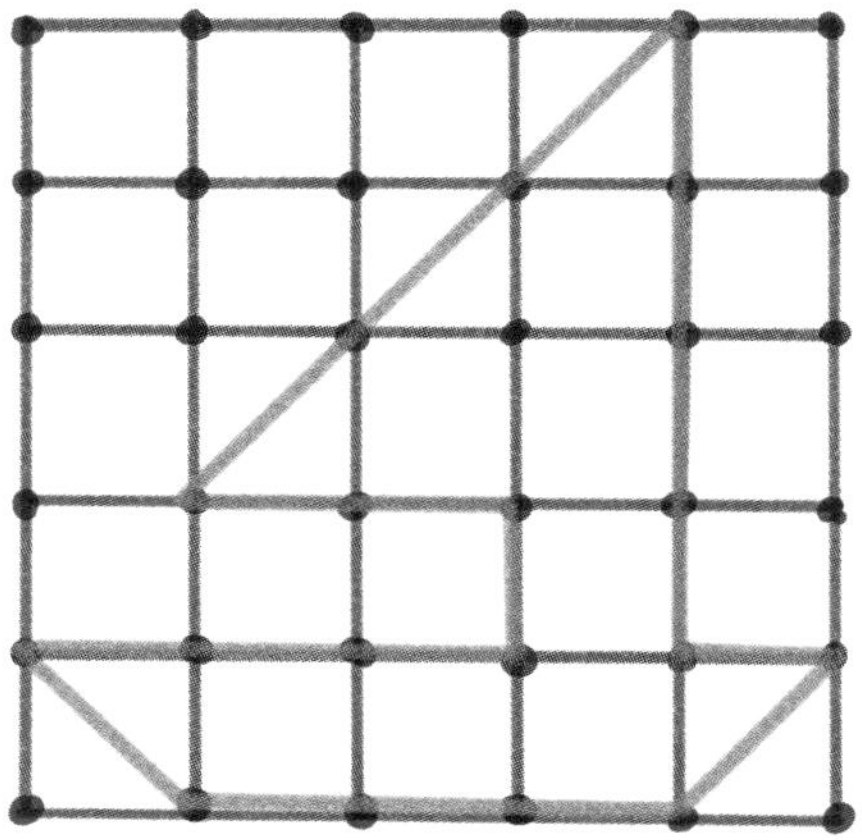

04 暗号を解読する

「どうやって行けばいいかな？」

平面や立体の感覚を育てる「地図作り」で遊びましょう。

用意するものは、模造紙や包装紙などの大きめの紙、マジックなどのペン、メモ用紙、果物などのシールです。模造紙、シールは文房具店で売っています。

まず、大きめの紙に、縦横に走る碁盤の目のような道路を描きます（77ページ参照）。描きながら、「これは町の地図だよ。この町には何があることにしようか？」などと、楽しそうな言葉がけをします。

次に、地図の手前の子どもに近い場所に、出発点のマークとしてシールを貼ります。それとは別に、碁盤の目の外側の数か所に、りんご、バナナ、みかんなどの果物のシールを貼ります。

最初は、出発点のマークを示し、「ヨシくんがここからスタートして、りんごのシールまで行くには、どう行けばいいかな？」と聞いてみましょう。

例えば、りんごのシールが地図の左のほうに貼ってあれば、「スタート地点から、前、前、前、前、左、左のように進むと、りんごのシールの場所に着くね」などと子どもと確認しながら、それをメモ用紙に、「↑、↑、↑、↑、←、←」のように矢印で書いていきます。方向を表わす前、後ろ、右、左という言葉は、子どものいる位置から見た言葉にします。

この矢印の並んだ列が、このあと、行き方の道順を表わす暗号の役割を果たし、この遊びをいろいろなバリエーションに発展させる鍵となります。

例えば、列に並んだ矢印の順番を少し変えて、「↑、←、↑、←、↑、↑」としてみたら、どうでしょう。

「あれ？　この矢印で進んでも、りんごまで行けるね！」

やりながら、子どもは、スタートからりんごまで進む道順にも、いろいろな行き方があることに気づくかもしれません。「ほかには、どんな行き方があるかな？」など、子どもにヒントとなる問いかけをしてみることで、子どもが「気づき」の体験をしたら、親もいっしょになって喜びましょう！　子どもは、得意になって、「そんなこと、知ってるよ」と言うかもしれません。**子どもが得意になれるくらいのチャレンジで遊ぶことが大切です。**

りんごまでの行き方にいろいろな「答え」があることがわかったら、他の果物のシールについてもやってみますが、楽しく遊ぶには、少しずつやり方を変えていきます。

例えば、「今度は、ヨシくんが行きたいところに行く矢印を書いて見せてね」と言ってみます。そうしたら、どこに行きたいのか当てるねー、と言って、矢印を見ながら道を指でたどったり、お人形を歩かせたりします。もし、みかんのシールに着いたら、「わかった、みかんのところに行きたかったんだね」と少し大げさに言ってみましょう。

この遊びの面白さは、暗号化と、その解読に似ています。道順を矢印で表わすことが情

矢印の暗号を解読するとどこに行く？

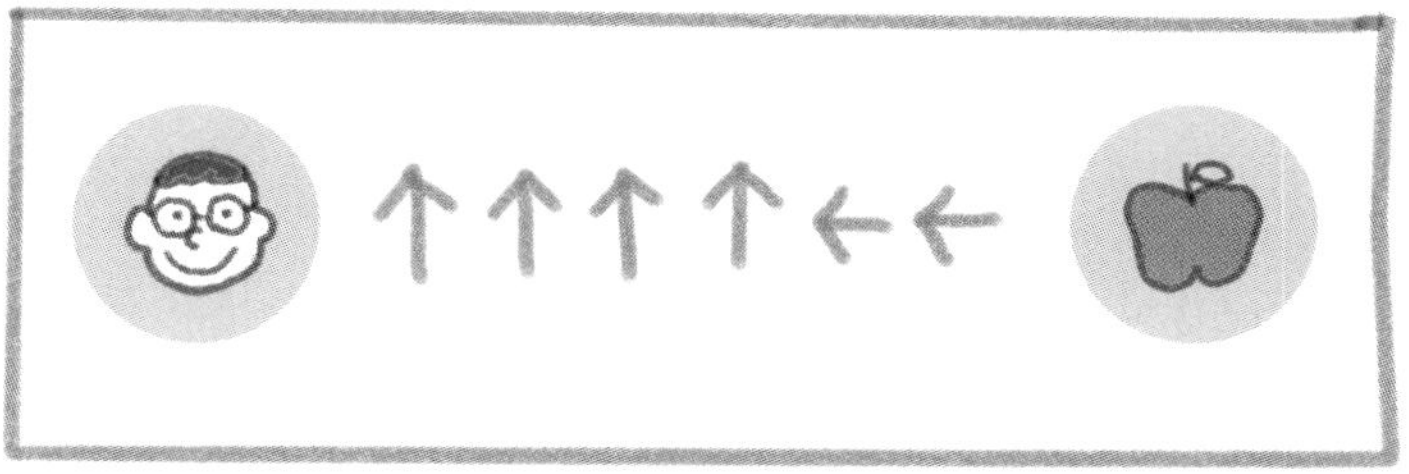

報の暗号化に当たり、矢印を見て地図をたどっていくことは、暗号解読に当たるのです。

スタート地点からりんごまで進む矢印の暗号があれば、それを見てりんごからスタート地点まで戻ることもできますね。例えば、地図上にネコさんのスタート地点、イヌさんのスタート地点のシールを追加します。そして、行き先がりんごだとして、矢印の暗号を作るのです。そうすると、りんごから矢印を逆にたどることで出発点がどこなのかがわかり、この道順でりんごまで来たのは誰だったのかを当てることもできるはずです。

この地図遊びをさらに発展させて、立体バージョンにすることもできます。

町の中にお友だちの家があり、そこはマンションの3階だとします。お誕生日の招待状には道順が暗号で書かれています。

例えば、エレベーターで3階まで上がるところでは、エレベーターの箱の絵に上向き矢印が2つ描かれているという具合です。

「暗号の招待状が届いたよ。これを読んで、お友だちの家まで行けるかな?」

言葉がけのコツ

いろんなバリエーションで遊んでみよう

コラム

象形文字と子どもの絵

漢字のもとになった象形文字は、厳密にいうと絵ではありませんが、幼児が描く絵とも多くの共通性が認められます。象形文字のいくつかの例を見てみましょう。

「雨」は図のように、雲から降ってくる雨粒の絵から生まれました。

「虹」はどうでしょう。古代中国の人たちは、虹を竜の一種だと考えました。大空をまたぐ壮大で美しい竜。地上からは、その背中の部分だけが見えていると考えたのです。

「日」は丸く輝く太陽です。一方、「月」は満ち欠けするので、半円で表わされました。

「星」の上の部分は、「日」を3つ重ねて澄み切った星の光を表わしています。形を重ねてキラキラ感を表わすのは、幼児の絵画と似ていますね。

「雷」の古い形は、イナビカリの形を示す「×」のまわりに「⊗」を4つ並べた形です。雷はゴロゴロという太鼓のような大きな音がするので、太鼓を並べて表現したのでしょう。

05

立体感覚を養う

「前から見たらどんな形？」「上から見たらどんな形？」

幼児期には、平面に描かれた図だけでなく、立体への興味もぜひ伸ばしておきたいところです。小学校の算数では立体を扱う時間が少なく、探求する時間はさらに限られてしまいます。では、立体感覚を育てるには、どのような言葉がけをすればよいのでしょうか。

立体図形は、身のまわりにあふれています。67ページで述べたように、身のまわりにある物の中から、四角いものを探したり、丸いものを探したりすることは、ゲームとしてとても楽しめます。丸いお皿だけでなく、四角いお皿もあることに気づくと、そこからまた新たな疑問や興味がわいてきます。

また、コップは真上から見ると丸いのですが、真横から見ると四角く見えることに気づきます。四角い箱も、よく見ると、真上から見たときは「ましかく」で、真横からは「ながしかく」に見えることがあります。

子どもに、「前から見たら、どんな形に見える?」と言葉をかけると、真剣に前から見ようとして、しゃがみ込むことがあります。さらに「上から見たら、どんな形に見える?」と言うと、子どもは上から見ようとして椅子の上に上ることがあるので、転ばないように注意してください。

このように、立体感覚は、現実にあるいろいろなものに触れ、またよく見ることによって発達します。見ただけでは、物の裏側はわかりません。立体感覚を身につけるには、ただ見るだけでなく、実際に手でさわってみたり回してみることも大切です。

立体を切るとどんな形になる？

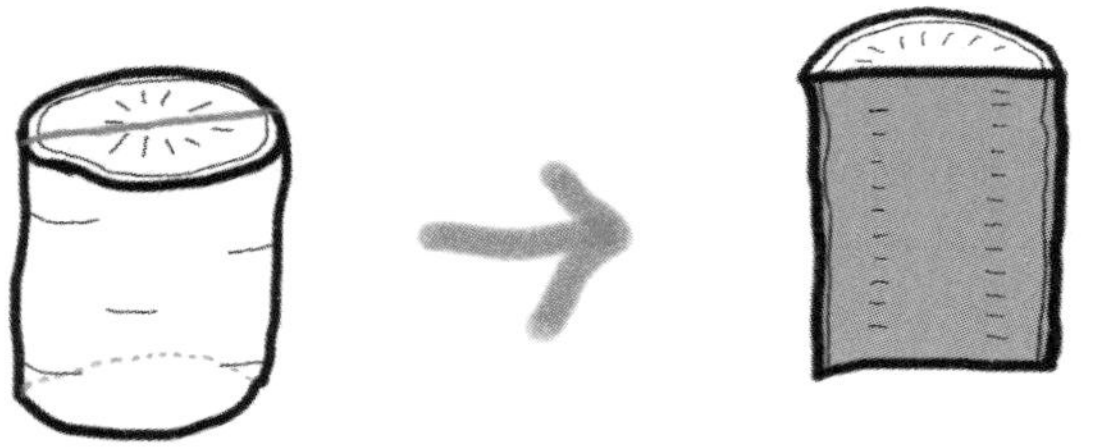

ダイコン　　＜長方形＞

ニンジン　　＜三角形＞

チーズ　　＜三角形＞

例えば、毎日の料理は立体感覚を育てる貴重な機会です。立体は見る角度によって違う形に見えることが理解できたら、次に立体を切るとどんな形が見えてくるかを試してみるとよいと思います。これも1つの実験として行います。

食材をまな板の上で切ったときに、切り口にはどんな形が出てくるか、実際に切る前に子どもが予想を立てるように働きかけてみましょう。

ダイコンもニンジンも、身近な野菜です。そこで、「いまから切るよ。さあ、何が出てくるかな？」と、少し大げさなくらいにもったいぶって話しかけるのがコツです。

スーパーで買ってきたダイコンは、だいたい円筒形です。これを縦に切って見せると、切り口の形は「ながしかく」になり、真横に切ると、切り口は丸になります。一方、ニンジンの先のほうはほぼ円錐形なので、縦に切ると三角が見えます。ただし、この実験は包丁を使うので、十分に注意してください。

直方体のプロセスチーズの角を斜めに切ると、切り口は三角になります。直方体は四角いものという先入観をもった大人のほうが、その驚きは大きいかもしれません。

言葉がけのコツ

大げさにもったいぶって話しかける

06

空間認知の感覚を養う

「どっちにいくとエレベーター?」

子どもは、ウンテイやジャングルジムが大好きです。公園や幼稚園にあるこれらの遊具で遊びながら、運動能力を伸ばしていきます。このときに伸びる能力には、身体認識能力、空間認知能力、さらにバランス感覚も含まれます。「高いところから見ると、何が見える？」などの言葉がけをしてみてください。

とくに身体認識能力は、自分の身体の向きを自分で認識する能力で、正しい姿勢での生活、すべての運動とすべての空間認知の基礎になります。ジャングルジムという立体の中を、上下左右に動いたり、高いところからの景色を眺めたりすることで、遊びながら立体感覚、筋力、柔軟性が養われるのです。

市役所や歴史的な建物を訪れたり、客船に乗ったりするとき、玄関や乗船口にその建物や船全体のミニチュア模型が飾ってあることがありますね。そんなときは、ぜひ子どもといっしょに模型を見て、「ぼくたちが、いまいるところはここだね」とか、「これから行く展示室は、2階のここの角にあるね」などと、水平方向、垂直方向の両方を意識するような言葉がけをしてみてください。

ミニチュア模型を見ながら、その中にいる自分、その中を動いていく自分を想像することと、実際にその建物の中の廊下や階段を自分の足で移動する体験。この2つが脳の中でリンクするとき、立体感覚は大きく伸びます。

このような感覚が、論理や計算だけではなかなか把握できない立体の構造を理解

する基礎となるのです。

ホテルなどに泊まったとき、建物全体のミニチュア模型が飾っていなくても、立体感覚や方向感覚を伸ばすような言葉がけはできます。エレベーターを降りてはじめて部屋に入ったときには、「部屋を出たら、どっちに行くとエレベーターに行けるんだっけ？」と聞いてみましょう。

部屋の壁には、避難経路の案内図が必ず貼ってあります。案内図にあるのはそのフロアーの平面図ですが、「あの窓があるのは、この案内図ではどこのカベかな？」などの言葉がけで、立体構造を意識させることができます。

このような経験は、数学で必要な発想力の基礎としても大切です。

Ａ地点からＢ地点へ移動するという課題があるとき、例えば、ジャングルジムに登るという体験がある子のほうが、上空を移動して目的地に着くような発想をしやすくなります。それだけではなく、運動や移動の経験は、図形の問題に限らず、いろいろな課題に対して、異なる視点から考えて解決しようとする意欲の源泉になります。

言葉がけのコツ

実際の建物の中で聞いてみる

コラム

自分の体で長さを測ろう

「ものさし」などのような、正確に長さを測る道具がなかった時代に、人々はどのようにして物の長さを測っていたのでしょうか。生活の中で長さを測るとき、いちばん身近な自分の手足などを使っていました。

例えば、「1寸」というのは、もともと親指1本の幅です。その10倍が「1尺」で、手を広げたときの親指の先から中指の先までの長さです。この測り方は、日本語の「1あた」（ひとあた）の測り方もだいたい同じです。こうして、自分の手をものに当てることによって、そのものの長さを知ることができたのです。

もっと大きいものではどうでしょう。「1ひろ」（ひとひろ）というのは、両手をいっぱいに広げたときの指先から指先までの長さです。このような、身体を使う測り方は、ものさしがなくても測れて便利なのですが、自分の1ひろと友だちの1ひろでは違うかもしれません。また、大人と子どもでも違うでしょう。

単位を統一する必要から、1791年にフランスがメートルという単位を提唱しました。当時、派遣された科学観測隊が測った、地球の北極から赤道までの子午線の長さの1000万分の1を1メートルと決めたのです。

「面白い形ができたね。どんな名前がいい？」

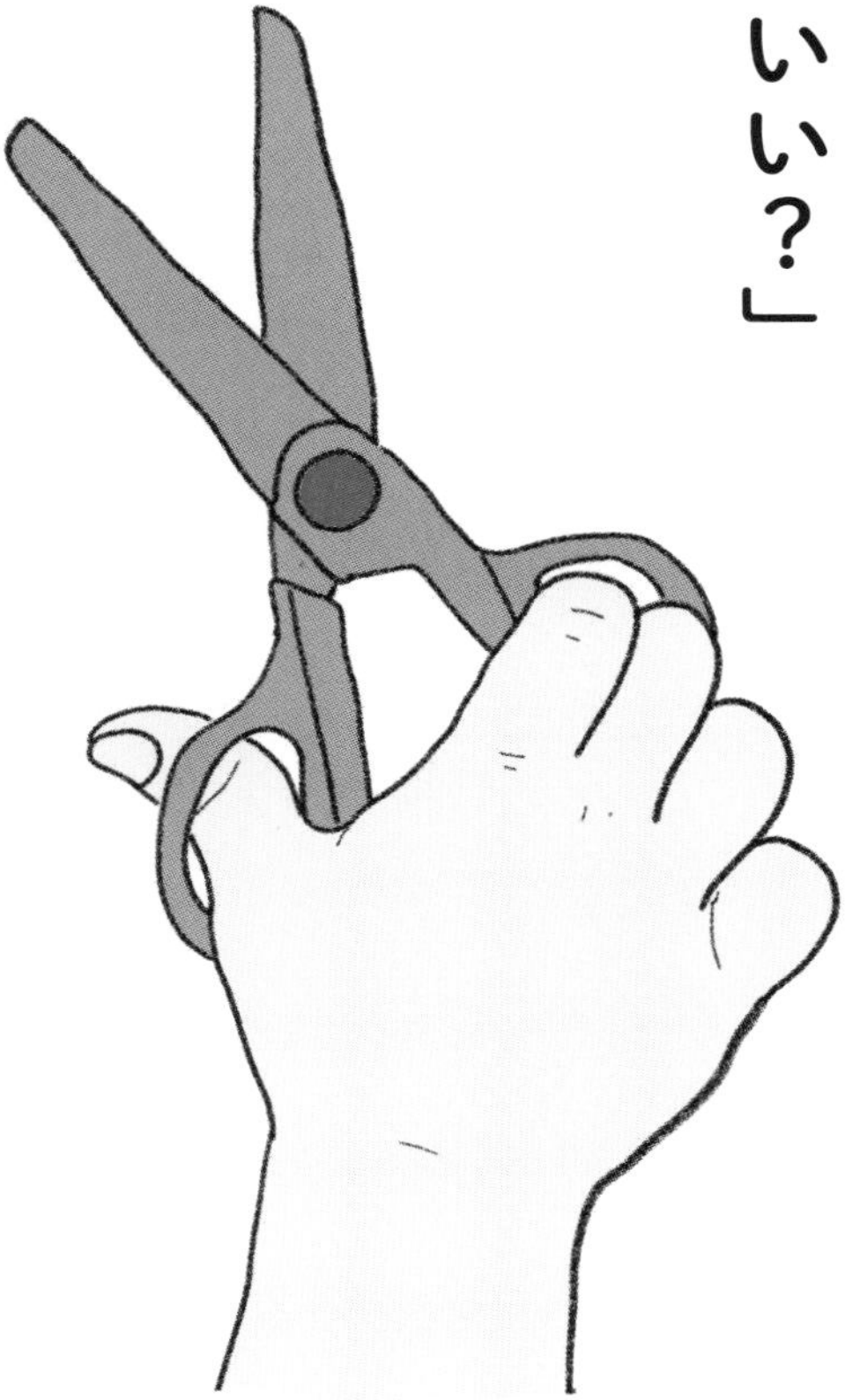

たった1つの形からも、いろいろなことが発見できますが、いくつかの形を並べてみると、1つだけのときにはなかった動きやリズムが生まれます。折り紙で簡単にできる形を使って、そんな実験をしてみましょう。

用意するものは、標準サイズの折り紙1枚と、八つ切りサイズの画用紙2枚です。

紙を切ったり貼ったりするので、ハサミとノリも用意しておきます。ちなみに、折り紙で最も一般的なサイズは、15センチ角のものですが、それ以外にも目的に応じていろいろなサイズのものがあります。

はじめに、「今日は、折り紙で面白い形を作ろうね」などと言って、子どもを誘います。

子どもは折り紙が出てきたときから、何を作るのかなとわくわくしながら見ているはずです。まず、15センチ角の折り紙を縦横半分に折って4等分し、折り目に沿って鉛筆で線を引きます。まっすぐ線が引けない小さな子どもには、親が引いてあげます。

1枚の折り紙を8個の三角形に

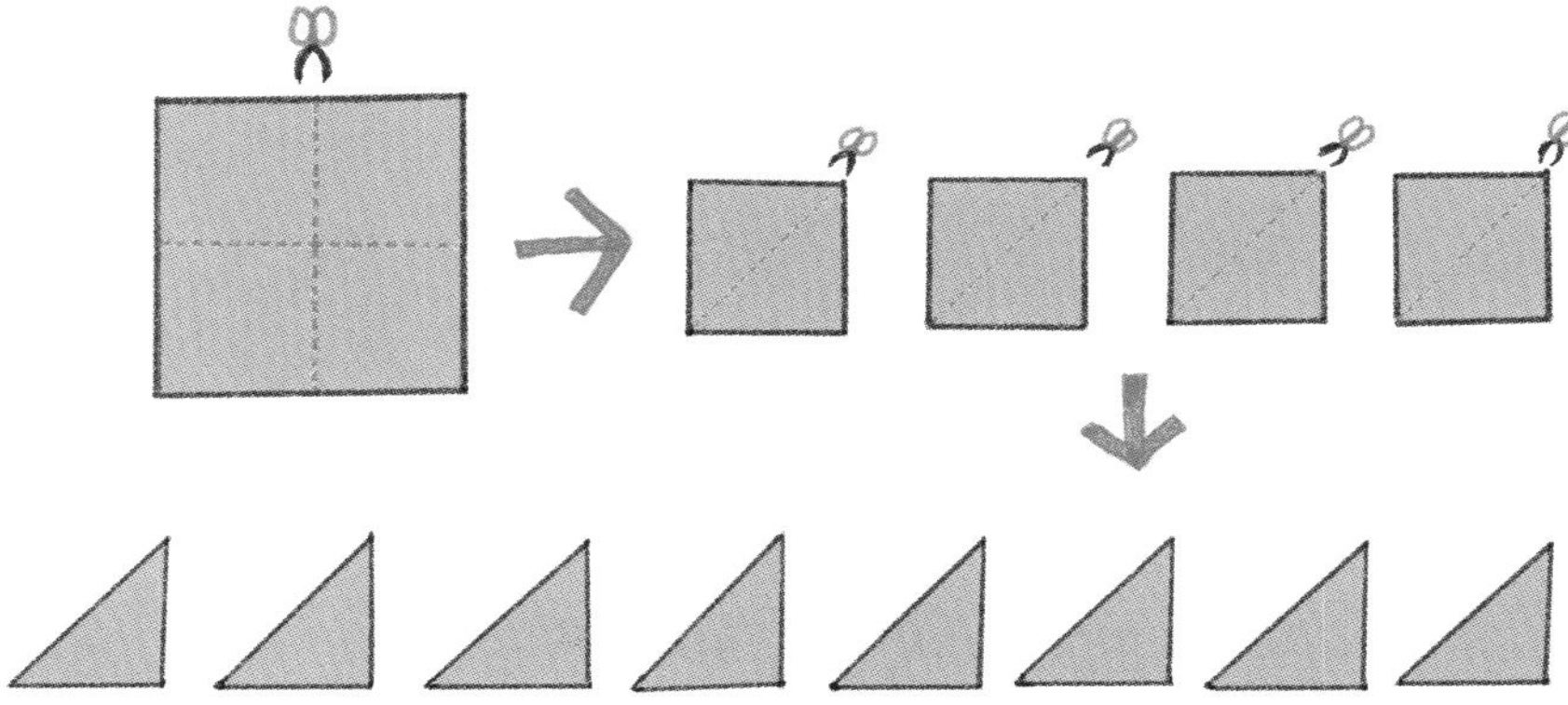

次に、折り紙を線に沿って切ります。こうして、小さな正方形が4つできました。そのそれぞれを三角折りして、折り目に線を引き、線に沿って切ると、小さなお山の形、いわゆる直角二等辺三角形が8個できます（前ページ図）。

使い終わったハサミは、すぐに安全な場所にしまいます。「ハサミはもう使わないから、お片づけしようね」などと言葉がけをして、片づけの習慣もつけましょう。

次に、画用紙を取り出して、テーブルの上に置き、鉛筆で画用紙にマス目を描きます。これは定規を使うので親が行いますが、「線はまっすぐに引かなくちゃね。うまくできるかな」などと説明しながら、いっしょに作業している雰囲気を演出します。もし、待っている間に子どもが飽きてしまうようなら、あらかじめ線を引いたものを用意しておくとよいでしょう。線は左図のように7・5センチ角の正方形が4つ横一列に並ぶように引きます。

さて、いよいよ三角形を並べていきます。まず、最初の三角を左端のマス目に入るように置き、位置を決めたらノリで貼ります。

次に、2番目の三角は、最初に貼った三角の上にぴったり重なるように置き、その位置から隣のマス目まで指でおさえながら動かしていって、隣のマス目の位置まで来たところで止めて、ノリで貼ります。この「ずらす、止める」という作業は、「ずずずっ、ぴたっ」と擬音を言いながら、必ず子どもといっしょに行ってください。

三角形をずらして模様を作ろう

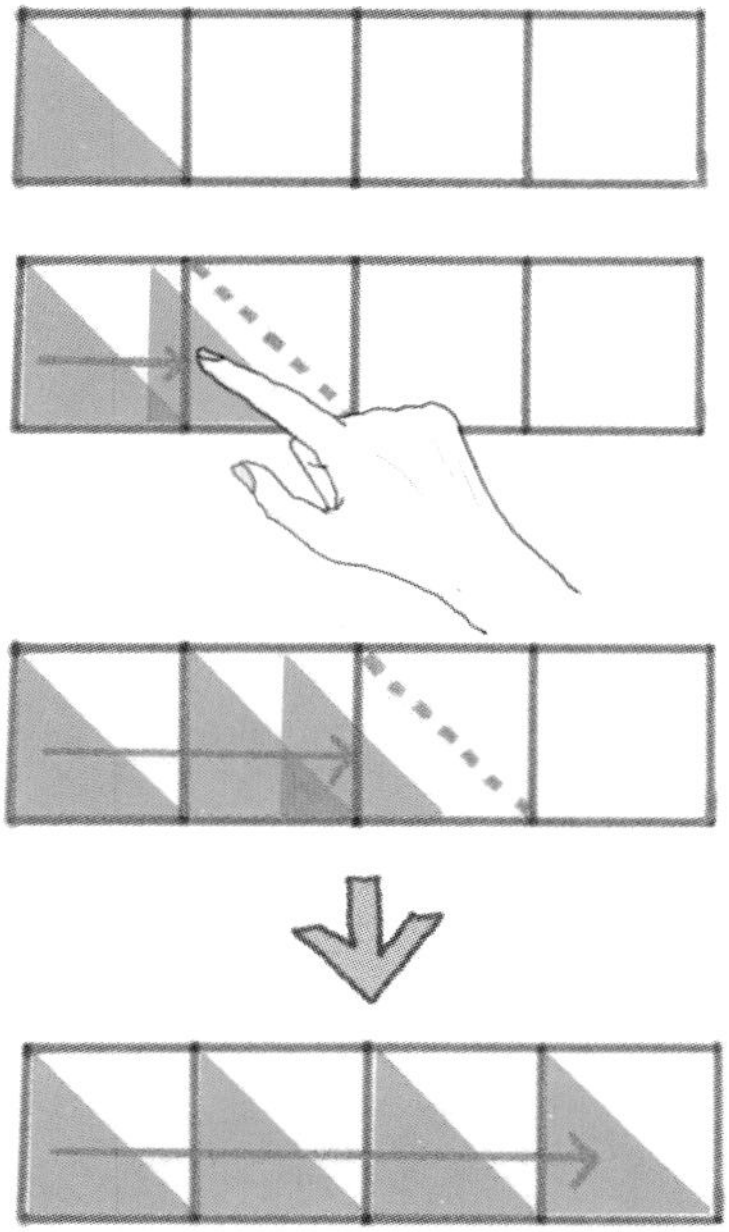

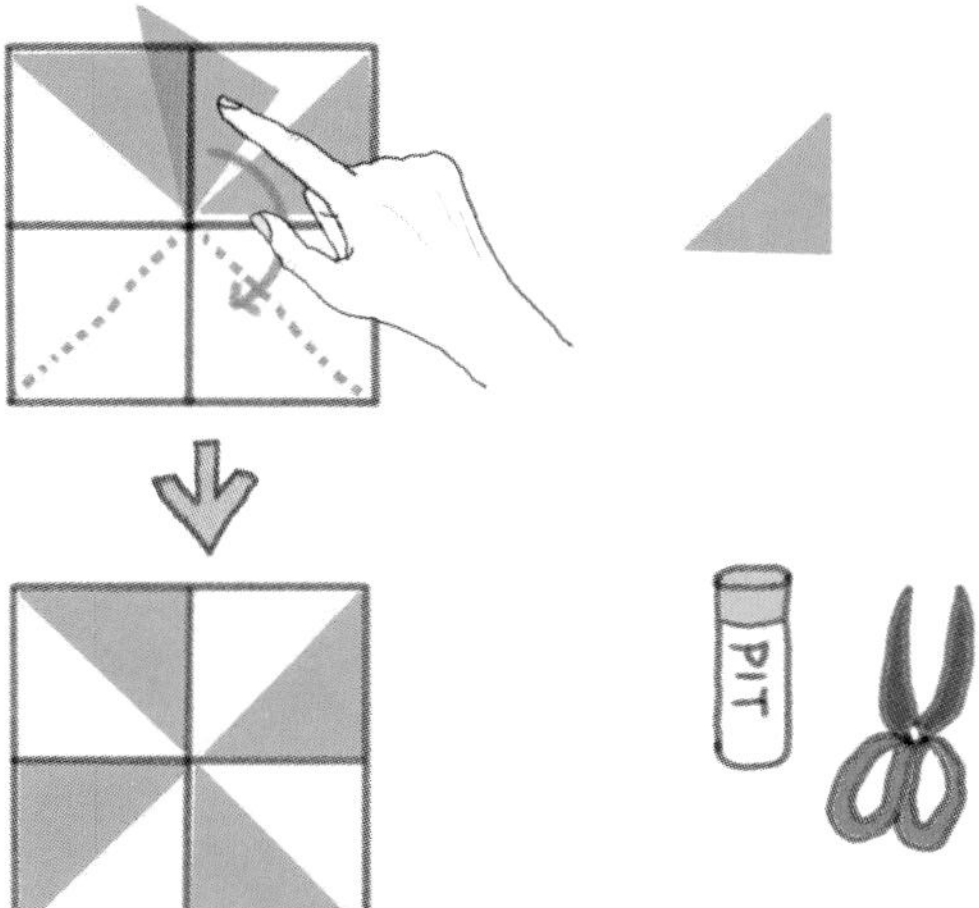

次の3番目の三角についても、最初に貼りつけた左端の三角の上にぴったり重なるように置いてから、その位置から隣の隣のマス目まで「ずずずっ、ずずずっ、ぴたっ」と言いながら、2倍の距離を動かしていき、3番目のマス目の位置で止め、貼りつけます。これも、必ず子どもといっしょに行ってください。

4番目の三角についても同様に作業すると、4つの三角が同じ方向に並んだ模様ができます。

模様ができたら、「面白い形ができたね。どんな名前がいい？」と聞いて、できた模様に名前をつけましょう。名前が思い浮かばないときは、「これは、ずんずんの形だね」などと親が言ってもかまいません。

ずんずんの形というのは、数学の用語では並進《へいしん》運動といいます。

残った折り紙と画用紙はとっておいて、別の日にぐるぐるの形（前ページ下図）を作ります。これは回転運動です。どちらもできたら壁などに貼り、「これは、ぐるぐるだね」などと、ときどき話題にするとよいでしょう。こうすることで、形とリズムと音がイメージの中で結びついて、子どもの中に数学的感性が育ちます。

言葉がけのコツ

動かしながら擬音をつける

コラム

裏返しの形を体験しよう

89～90ページで作った三角に切った折り紙を使って、並進運動、回転だけでなく、反転した図形も取り入れたパターンを作ってみましょう。

まず、折り紙を4等分した正方形を対角線で切ることで、直角二等辺三角形を8枚作ります。ただし、裏返しても色が見えるように、表と裏に別の色がある両面折り紙を使うことにします。次に、それらを画用紙の上に下図のように1列あるいは2列に貼りつけます。このとき、直前に貼りつけた三角の上に新しい三角を重ねて置いてから、「ぱったん」のように言いながら、それを裏返して見せ、ノリで貼っていきます。

何枚か貼っていくと、だんだん子どもにもようすが見えてくるので、今度はどの向きに貼るのがいいかな？　などと言いながら、いっしょに貼っていきます。2つのパターンを下に示しておきますが、回転、反転、並進の3種類の運動を組み合わせることで、これら以外にもいろいろな模様ができますね。

できた模様に、ぐるぐるぱったんとか、がったんごっとんなど、適当な名前をつけるのもとても面白いでしょう。

裏と表でパターンを作る

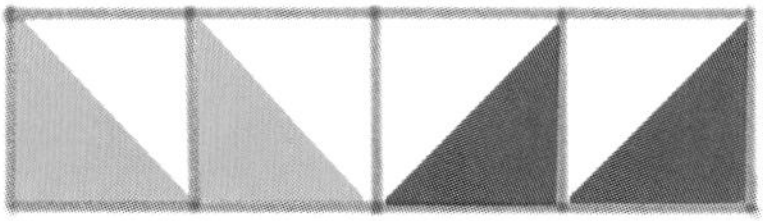

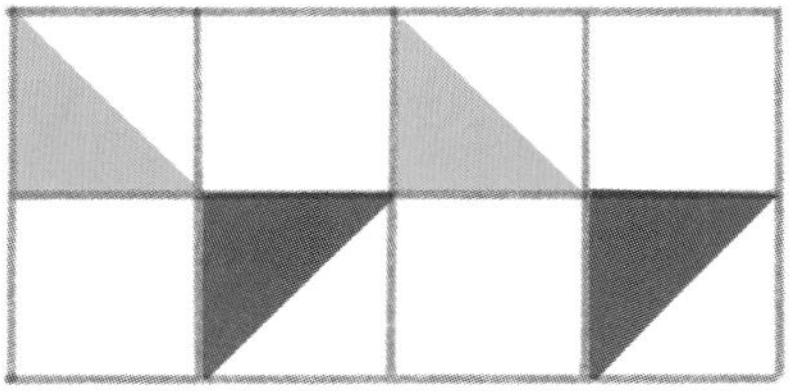

08

対称な形 ①

「どんな形ができるかな？楽しみだね」

私たちの身のまわりには、対称な形があふれています。子どもたちが好きな蝶の羽根や動物の顔は左右対称ですし、富士山は左右対称に見える位置から撮った写真が最も美しいとされることがあります。顕微鏡で見る雪の結晶も美しい対称形です。

対称図形に親しむ第一歩は、自分で対称図形を作ってみることです。例えば、子どもといっしょに切り紙遊びをしてみましょう。

遊び方：折り紙を半分に折り、図を描いて、その線に沿って切ります。折り方は、四角折りでも三角折りでもかまいません。いろいろやってみましょう。そして、切る場所に親が鉛筆で線を描いてあげて、子どもに線に沿って切らせるようにします。

このとき、「どんな形ができるかな？　楽しみだね」などと言葉がけをしてください。そうすると、子どもは自分がしていることの意味がわかり、そこからどんな結果が飛び出すのか、わくわくしながら作業することができます。

線に沿って切れたら、「上手に切れたね。さあ、開いてみよう」と言って、子どもに折り目を開かせます。すると子どもは、「三角ができるんじゃない？　あ、違った星だ！」などと言って喜びます。

ここで、最初に折った折り目の線が、出来上がった対称図形の「対称軸」になります。つまり、切り取った図形はその線を中心に左右対称になるのです。

対称の図形を切って作ってみよう

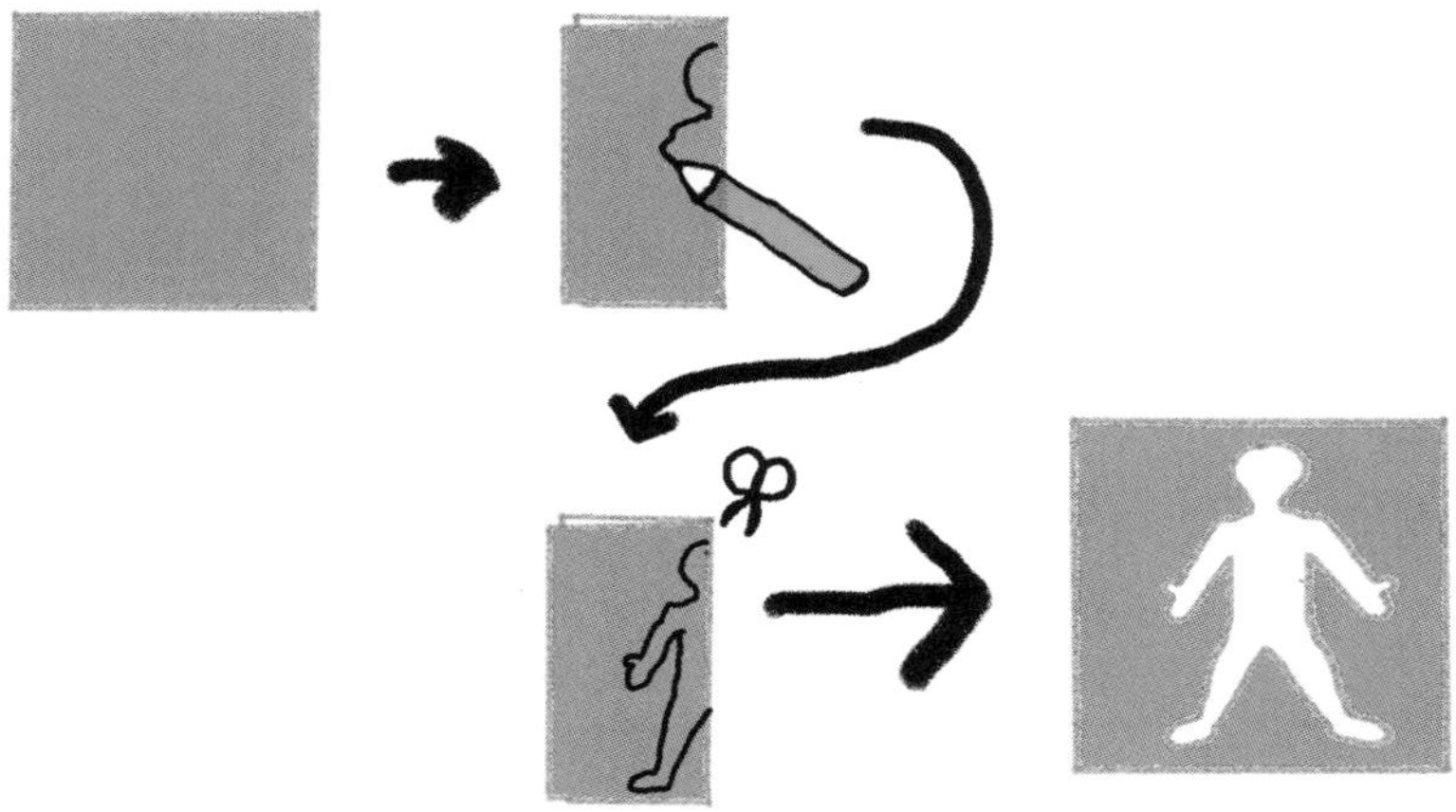

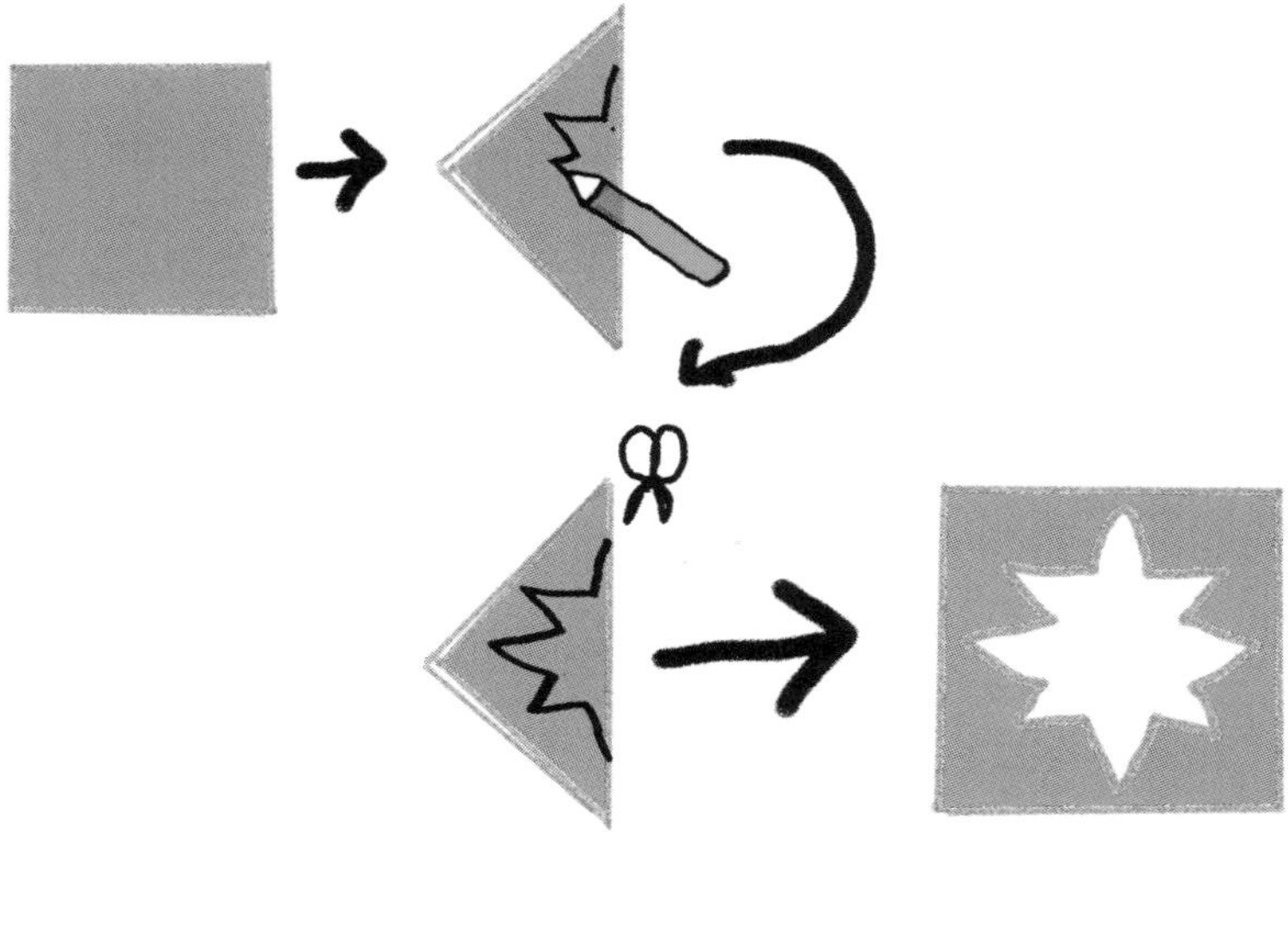

ここで、少し大きな子の場合は、「対称軸」という言葉をさりげなく使ってみるのもいいでしょう。言葉があるということは、その線には何かしらの意味があることを伝えるメッセージにもなっています。

もし、数日後に、また切り紙遊びをしているときに、子どもが対称軸という言葉を忘れていても気にする必要はありません。子どもが、「あれ、何だっけ？」と言って、思い出したい様子を示したら、教えてあげればよいし、「真ん中の線」などの、その子らしい理解による別の言い方をしたなら、それはそれで素晴らしいことです。

幼児にとって、切り紙は立派な科学実験です。切り取る線の形や角度を変えて、今度はこの線で切ってみよう。「どんな形ができるかな？　予想してみよう」と言葉をかけてみてください。

はじめは、間違えることを恐れて何も言わないかもしれませんが、「間違ってもいいんだよ」と言い、「うーん、今度はむずかしいな。こんな形かな？」などと、親もいっしょになって、楽しみながら予想を立てると、だんだんと子どものほうからも言うようになります。

言葉がけのコツ

どんな形ができるか予想してみる

09 対称な形 ②

「開くとぜんぜん違う形になるかもね」

折って折って切ってみよう

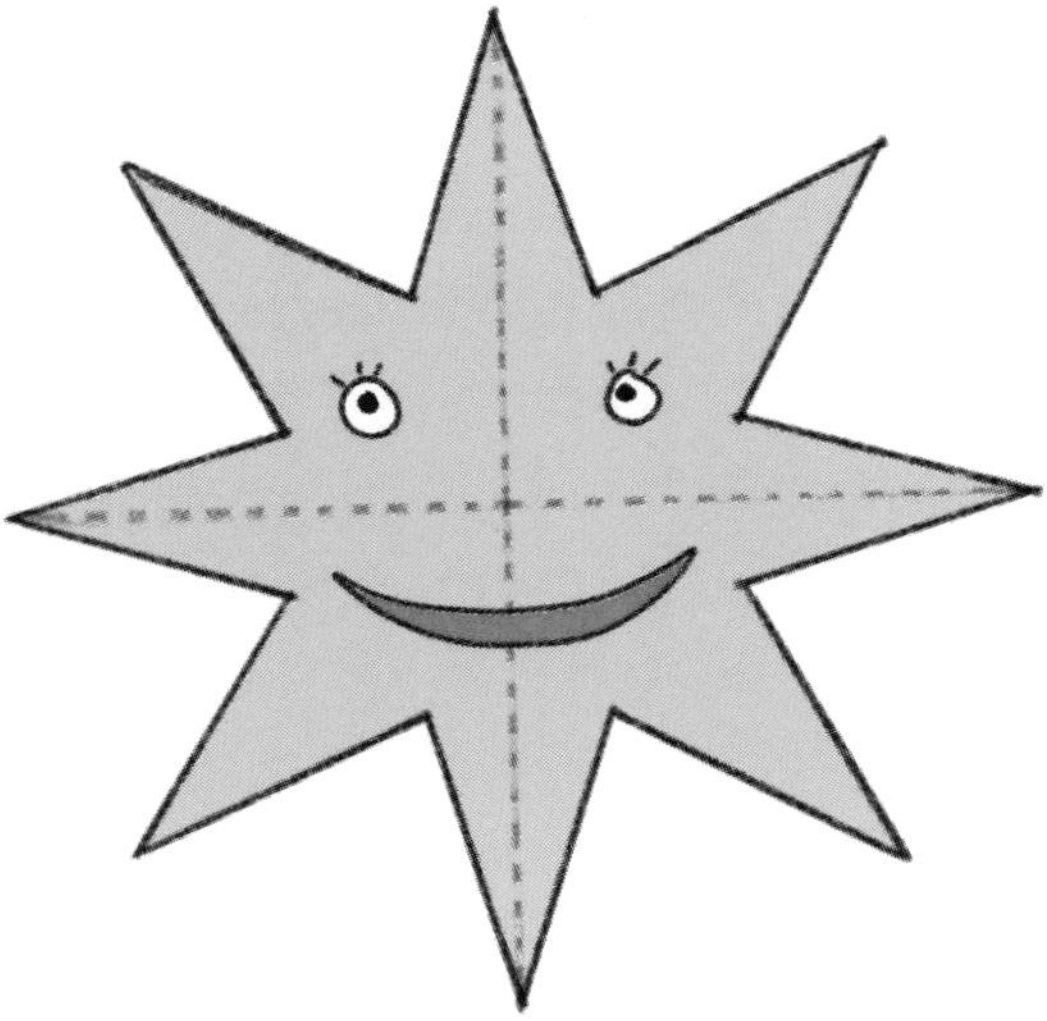

折り紙を2回折ってから切ると、大人でも想像できないような意外な形、不思議な形ができます。

やり方は簡単です。100ページの図のように、折り紙を2回、四角折り、あるいは三角折りすると、小さい四角、あるいは小さい三角ができます。折った紙に鉛筆でまっすぐな線や丸い線を引いて、線に沿って切ります。

2回折ると、子どもでは厚すぎて切れないかもしれませんので、大人が切ってあげましょう。「さあ、2回折ったらどんな形ができたかな?」と言いながら、折り目を開いて見せたり、子どもに開かせたりします。すると、同じ形を4回繰り返すような形ができていることに気づくでしょう。

2回折ったことから、この形には対称軸が2本あります。

切る線の形によって、円のような形、楕円のような形、正方形、ヒシ形、手裏剣《しゅりけん》のように尖《とが》った形、正八角形のような形など、いろいろなバリエーションができ、楽しめます。ぜひ、切る場所を変えて、いろいろと試してみてください。

切る場所は、いつも紙の真ん中付近とは限りません。真ん中からはずれた場所で切ると、折り紙を開いたときに穴がいくつも空いた面白い形ができます。これも対称図形であることには変わりがないのですが、つながった部分の個数が増えていきます。

また、2回目に折るときに、60°ずつの角度ができるように2本の線で折って、適当な場

２回折って切るとどうなる？

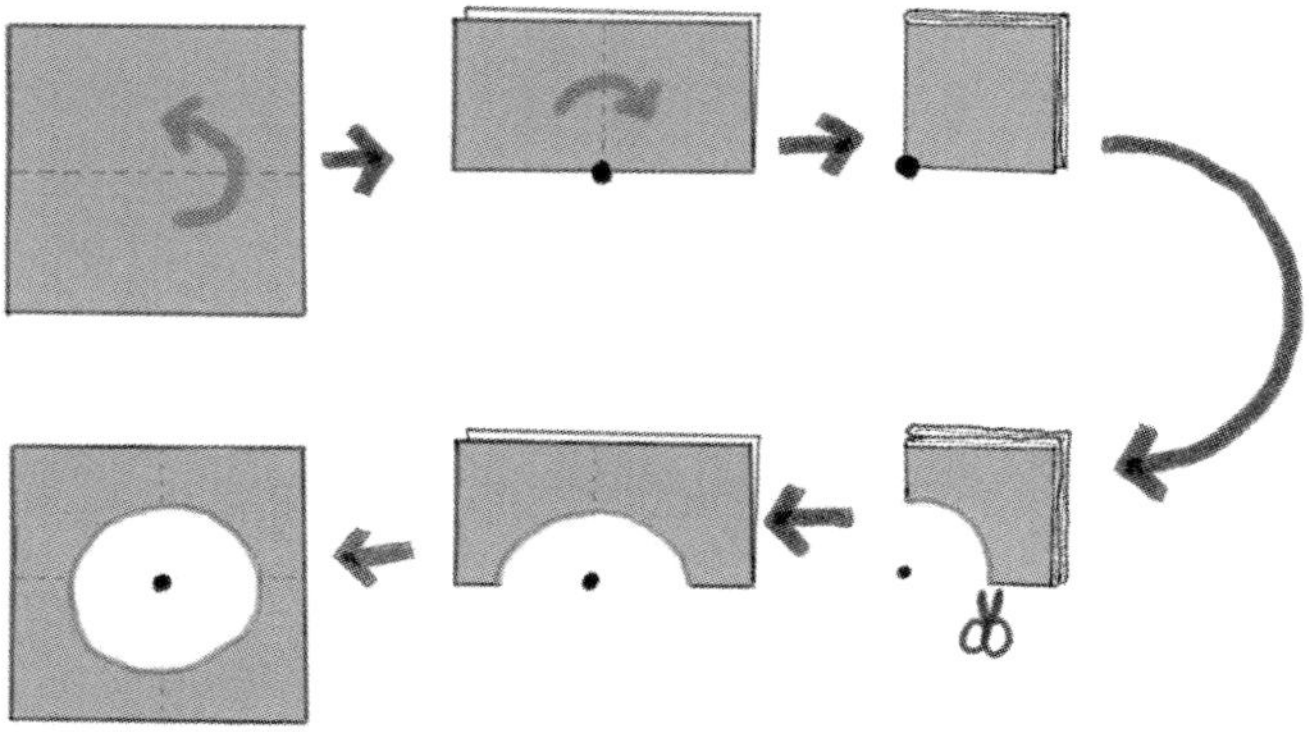

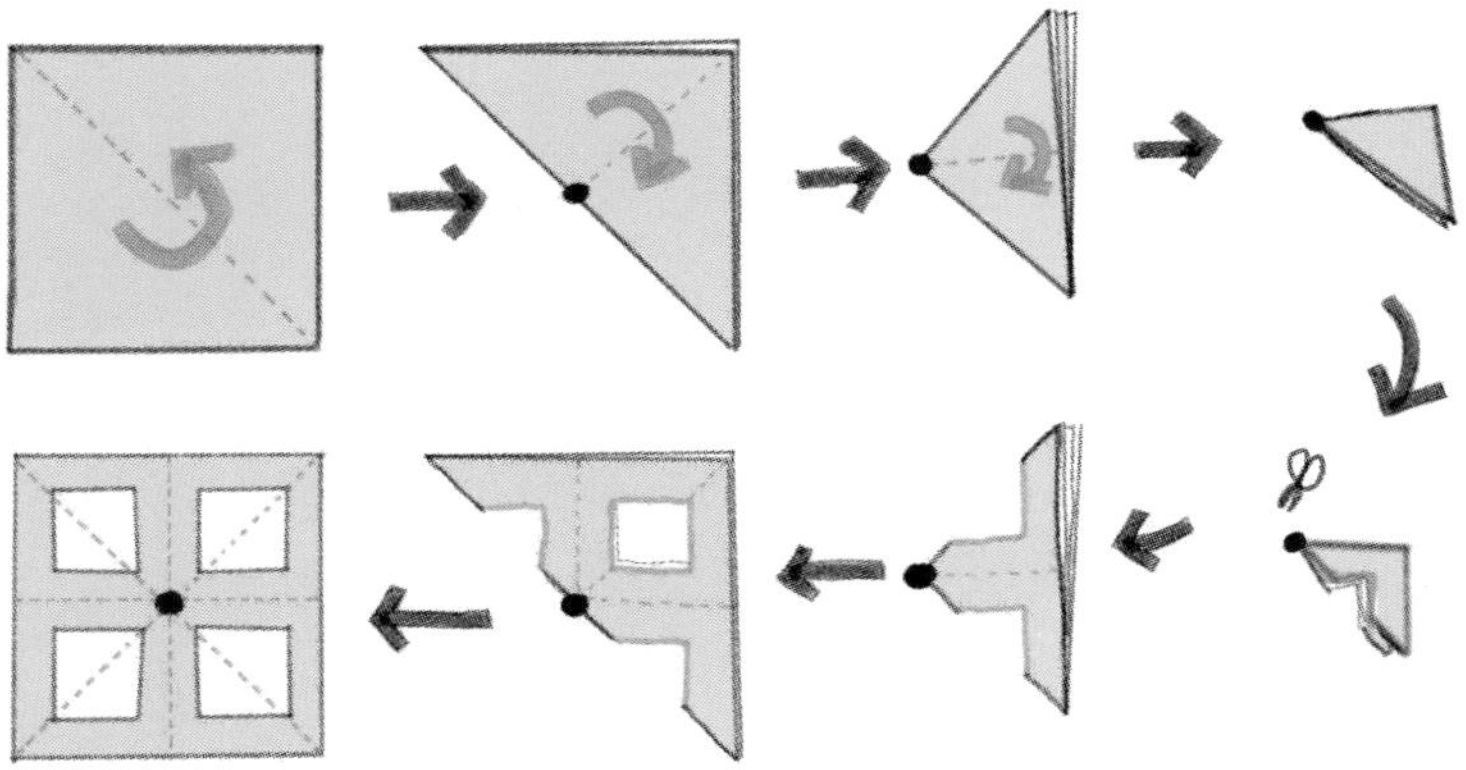

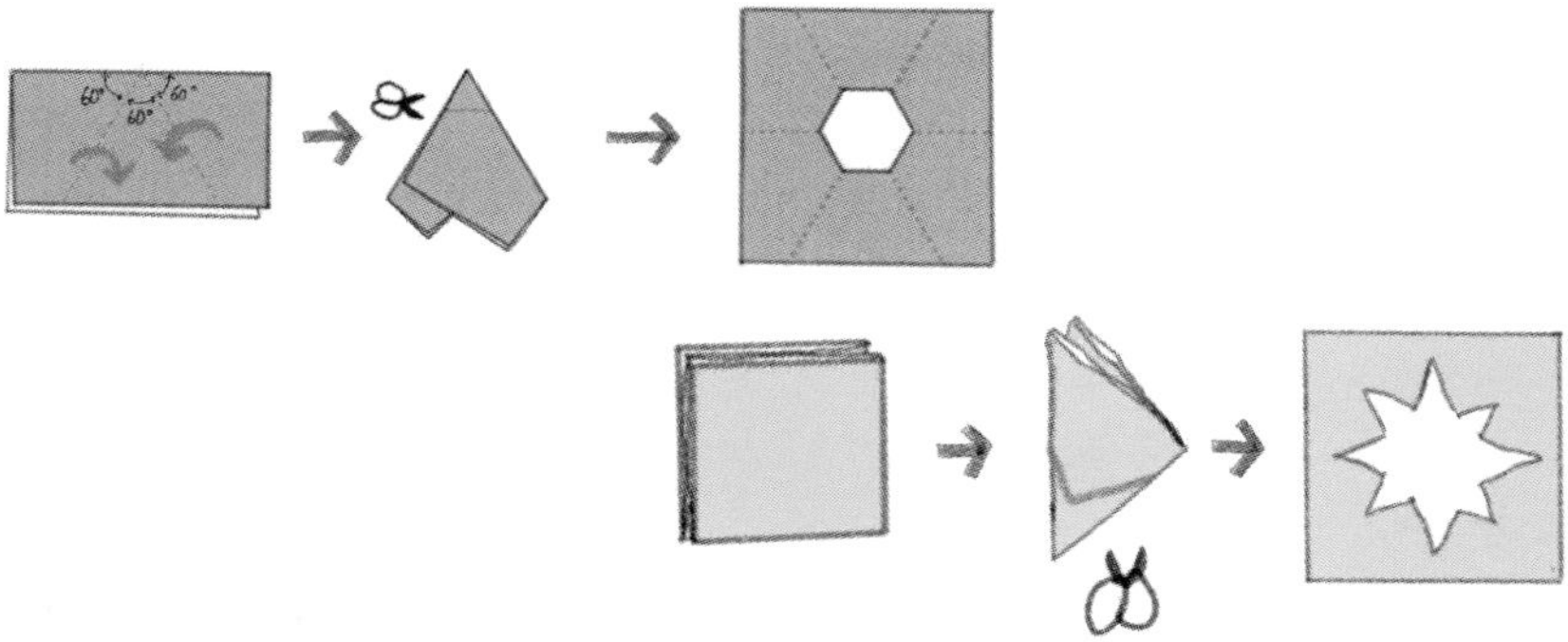

所を切ると、開いたときに正六角形やそれに近い形ができます（右ページ下図）。これもなかなか面白いと思います。

こうして、いろいろな形ができたら、「何に見えるかな」とか、「何が見えるかな」と言葉がけをしてみると、いろいろな答えが返ってきます。開いた図形の中のどこに3本の折り目の線が残っているか、探してみるのも面白いです。この折り目の線が対称線です。

同じ形でも、子どもの眼には、実にいろいろな物に見えていることがわかるのは、こんなときです。子どもはさらに、切ってできた形に色を塗ったり、鉛筆で目や口を描いたりして遊ぶかもしれませんが、どこまでが数学で、どこからは遊びというように線を引くことはなかなかむずかしいと思います。

私の好きな言葉に、「よく遊び、よく学べ」という言葉があります。

豊かな想像力と感受性をもち、形に親しみを感じる子どもに育てるには、少し数学的な見方で形を見ることも必要ですが、形を使って自由に遊ぶ時間も必要です。両方が互いに補い合うことによって、数学的な感性や理論的な構想力を支える基礎が身につくのです。

言葉がけのコツ

子どもの中に科学者を見つけよう

10 線や形を感じる

「この形はどんな感じがするかな？」

角張った線はトゲトゲした感じがしますし、曲がりくねった線には、くねくねしているという言葉がぴったりします。

このように、ものの様子を音からの感覚になぞらえて表わす言葉をオノマトペといいます。行ったり来たりジグザグに折れ曲がった線はギザギザした感じがしますし、らせんのように回転する運動を表わす線はぐるぐるした感じがしますね。

子どもに、下図のようないろいろな形を見せて、「この形はどんな感じがするかな?」と聞いてみましょう。どんな感じがするか親もいっしょに言ってみましょう。

このように、形を見ることで感じたことを音や言葉にして表現することは、小さな子どもから大人まで、誰でもが楽しめる知的でわくわくするゲームです。とくに、言葉を話し

いろいろな線を見て「感じ」を聞こう

始めて間もない子どもの答えの中には、大人では想像もできない素敵なものがたくさん見つかります。

同じ絵を見ても、「ドカーン」と言う子もいれば、「バーン」と言う子もいるという具合で、このゲームにはもちろん正解はありません。どんな答えが返ってきても、「なるほどねぇ、アキちゃんにはそんな感じがするんだね」というふうに、必ず共感し、答えたことを褒めてあげることが大切です。

このゲームは、絵本の中で面白い線を見つけたとき、街角のポスターに面白い形を見つけたときなど、いつでもどこでもできます。また、部屋の中では、親が紙に線を描いて見せながら子どもとの会話を楽しんでもいいですね。

日本語はとくにオノマトペが豊富にある言語とされています。

このほか、形や動きに関するオノマトペには、がたがた、キラキラ、くるくる、ぐるぐる、ころころ、ごろごろ、サラサラ、すたすた、するする、そよそよ、ツルツル、でこぼこ、にょきにょき、のろのろ、ぱたぱた、ひらひら、ぷかぷか、ぶくぶく、ふさふさ、ぶつぶつ、ふわふわ、ぼこぼこ、もくもく、ゆらゆら、よろよろなどがあります。

子どもの「感じたまま」に共感する言葉を返す

第3章

「規則性」を見つける言葉がけ

第3章のコラム

規則性を見つける言葉がけ

数や形を認識する力とともに「数学力」の基礎になるのが、規則性に気づいたり、発見したりする能力です。この能力は、論理的な思考力とは違い、誰もが生まれながらにもっている直感的なパターン認識力に基づいています。

駅のプラットフォームにいる人々を眺めていて、ふと学校時代の友だちの顔を見つけたりすることがあります。このときに働いているのがパターン認識の能力です。

この能力は無意識のうちに働き、間違った判断の原因となることもあります。例えば、しだれ柳が風で動くのを見て、そこに幽霊か何かがいるのではないか、と感じてしまうのも、この能力です。

この章では、子どもが日常の生活の中のふとした気づきから、規則性を発見する力を育て、伸ばすような言葉がけについて書きました。親子でゲームを楽しんだり、問題を出し合ったりしながら、簡単な規則性に気づくような話しかけについても書いています。

一列に並んだものを見たり、次々と聞こえてくる音を聞いたりしたときに、そこに規則性を感じることがあります。子どもはリズムに合わせて体を動かすことが好きです。また、子どもはちょっとした言葉のアクセントの違いから、微妙なニュアンスを感じとったり、笑い出したりするすぐれた感受性をもっています。

親子でいっしょに楽しみながら、規則的な配列をリズミカルに口に出して言ってみたり、かぞえたりすることで、規則性はより身近で楽しいものになります。

また、人は自然にある規則性を発見するだけでなく、自ら規則性を作り出すこともできます。規則を少し変えたら、どんなパターンが現われるかを調べるのは、楽しい実験です。

規則性は、パズルにも関係しています。隠れている規則性を見つけ出すことで、難解に見えたパズルが一瞬にして解けることがあります。「へー、そうだったのか！」とか、「なるほど！」という感動の言葉を毎日の家族の会話に取り入れてみましょう。

例えば、カレンダーは規則性の宝庫です。壁に掛けたカレンダーから、いくつ規則性を見つけられるか、みんなで競争するのも楽しいですね（114ページ）。

この章では、簡単にできるカードや積み木、あるいは紙に描いた図形を使って、そこから規則性を発見したり、予想を立てたりする遊びをいくつか紹介します。いくつかのものの集まりから仲間はずれを見つけたり、全体をグループに分類する遊びは、将来、数学で大切な「集合」の考え方にもつながっていきます。

01

観察と発見のゲーム

「同じアジサイなのに花の色が違うね」

ほかとの微妙な違いを感じとる「パターン認識」の能力は、数や形の認識と並んで、数学の力の基礎になる大事な力です。

では、子どものパターン認識の能力は、どのような言葉がけで伸びるのでしょうか。パターン認識は、論理的な思考力とは違って、無意識のうちに働く直感的な能力です。そのため、「教える」ことによって伸ばすことはできません。

ただ、この能力も遺伝子に刻み込まれた生まれながらの能力であり、それを発揮できたとき、子どもは心の奥底から喜びを感じます。

そこで、子どものパターン認識の能力を伸ばすには、親が身のまわりの事物の中にある意味やパターンを認識し、わずかな違いも感じとるようにして、日頃から感受性のアンテナを張り巡らせておくことが大切です。

ふだんから、親が感受性や共感性を豊かにし、人の心への「思いやり」も大切にしながら生活することで、子どもがたとえわずかなことでも何かを発見したとき、すぐにそれに共感し、発見の喜びを共有できます。

「小鳥が鳴いているね。何をお話ししているのかな?」「葉っぱが落ちているね。強い風が吹いたのかな?」

このような親との交流を通して、子どもは生まれながらの直感力を発揮するようになります。

忙しい日常の中で見つけた子どもと過ごせるわずかな時間は、発見の喜びを共有する絶好のチャンスです。

春が近づくと、いろいろな花の香りがしてきます。散歩に出掛けるとき、「今日は、梅の花を探して歩こう」と言ってみます。「暖かくなったから、そろそろ咲いているのではないかな?」とか、「いくつ見つけられるか競争しよう」などと言ってみるのもいいですね。

梅雨時の雨のシーズンでも、いろいろな発見があります。

「同じアジサイなのに花の色が違うね。どうしてかな?」

話しかける言葉は、正しい発見や新しい発見である必要はありません。子どもが、「何でかな?」とか、**「こうかな?」などと考えてくれれば、その言葉がけは成功です。**

観察と発見のゲームは、何気ない、いつもの風景を、思わぬ気づきと楽しみの時間に変えてくれます。子どもの観察眼に驚かされることも多く、親にとっても観察眼を養うよい機会となります。

親子で、いっしょにトレーニングするぐらいの気持ちで、このような時間を生活の中に取り入れてみましょう。

言葉がけのコツ

発見は正しくなくてもいい

02

パターン認識力を育てる

「次は何色かな?」

私たちは、パターン認識の能力を日常のさまざまな場面で使っています。例えば、簡単なルールに従って並べられた物を見たとき、多くの人はその列をちょっと見ただけで、どんなルールで並べたかわかります。

同じような能力は幼児にもあるのでしょうか。

そのことを確かめるために、子どもと簡単なパターン遊びをしてみましょう。

テーブルの上に、チョコレートとキャラメルをいくつか交互に並べて見せ、「この次には何が来ると思う?」と聞いてみます。もちろん、並べるものはおもちゃの宝石やトランプなど、身近にあるものなら何でもかまいません。

例えば、宝石を「赤、青、赤、青」と交互に並べて見せたとします。「次は何色かな?」と言葉がけをすると、小さな子どもでも、「次は赤だ!」と答えます。

「そうだね。赤と青は『かわりばんこ』に並んでいるものね」

では、3つの色を使って、「赤、青、黄、赤、青、黄」と並べた場合はどうでしょう。この場合も子どもは簡単に規則を見

次に来るのは何かな？

抜きます。これは3拍子のリズムで並んでいます。

同じ3拍子でも、2色だけを使って「赤、青、青、赤、青、青」とした場合はどうでしょうか。

このときも、子どもは瞬時にパターンを理解し、「赤だ！そんなの簡単だよ」と嬉しそうに報告してくれます。問題が解けたときの嬉しさは、大人でも子どもでもまったく変わりません。

このゲームは、◎、△、☆のような形を使うバージョンでも遊べ、原理はまったく同じです。いくつか遊び方のヒントを下図に示しておきますので、いろいろなバリエーションを考えてみてください。子どもに問題を出してもらうのもいいですね。

規則性は、数学の基礎であるだけでなく、音楽、美術、体育の基礎としても重要な認知能力です。

言葉がけのコツ

子どもが問題を出すのもOKにする

規則とリズムを見つけよう

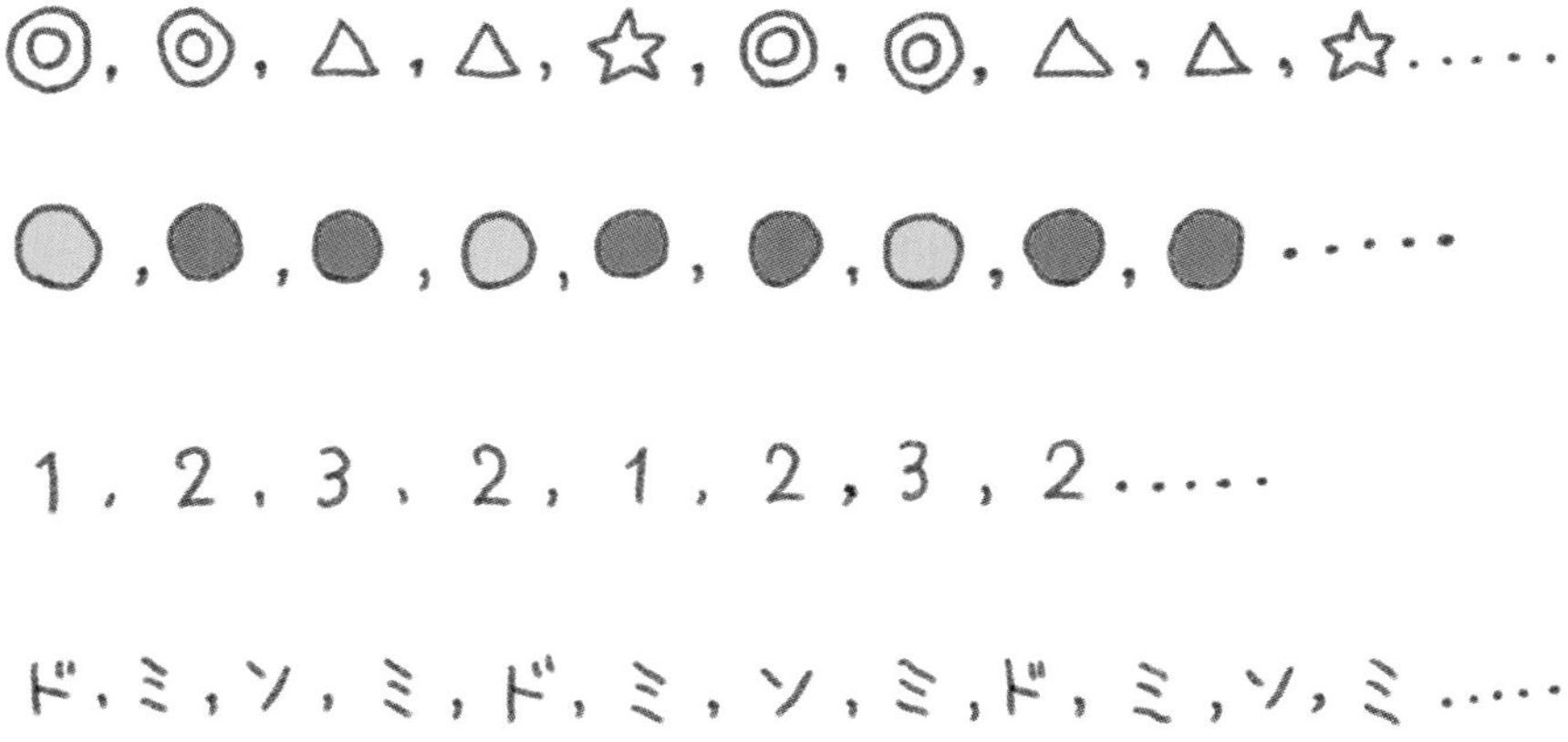

コラム

カレンダーの数字と規則性

規則性は、生活の中で起こるいろいろな事物の中に潜んでいます。ちょっと注意して見るだけで、面白い規則性に気づくことはいくらでもあります。

例えば、カレンダーの数字を眺めているだけでも、いろいろな規則性に気づきます。これは、数の計算がある程度できるようになった5歳以上の子どもや、計算に興味をもち始めた子ども向けです。

左下はある月のカレンダーです。

4の下には11があり、14の下には21があり、24の下には31があることに気がつきます。同じことですが、数字7の列を下に見ていくと、7、14、21、28と、7ずつ増えています。これは、他の縦列についても同じです。

では、数字3から斜め左下にたどっていくとどうでしょう。3、9、15、21、27と、3の倍数ばかりが並んでいます。一方、数字8から斜め右下にたどっていくと、8、16、24と、今度は8の倍数ばかりが並んでいます。

それ以外のどこから出発しても、斜め45度にたどった数字はすべて偶数か、すべて奇数となっています。

カレンダーから1、2、8、9のように四角く並んだ4つの数字のかたまりを取り出します。この4つの数字を斜めに足してみると、1＋9＝2＋8となっていることに気づきます。このことは、四角く並んだどの4つの数字についてもいえそうです。

つながった3つの数字についてはどうでしょうか。

横に並んだ6、7、8について、両端の6と8を合計すると14で、真ん中の7のちょうど2倍になっています。また、縦に並んだ3、10、17についても、上下の3と17を合計すると20で、真ん中の10のちょうど2倍になっています。

あるいは、斜めに並んだ2、8、14についても、両端の2と14を合計すると16なので、真ん中の8のちょうど2倍になっています。カレンダーの数字には、これ以外にもいろいろな面白いパターンがあることがわかります。

こうした発見は、カレンダーを眺めているときにふと気づくことも多いものです。どんな発見ができるか、子どもと話してみるのも楽しいですね。

		1	2	3	4	5
6	7	8	9	10	11	12
13	14	15	16	17	18	19
20	21	22	23	24	25	26
27	28	29	30	31		

03
独創力を養う

「ここのやり方をちょっと変えてみたらどうかな？」

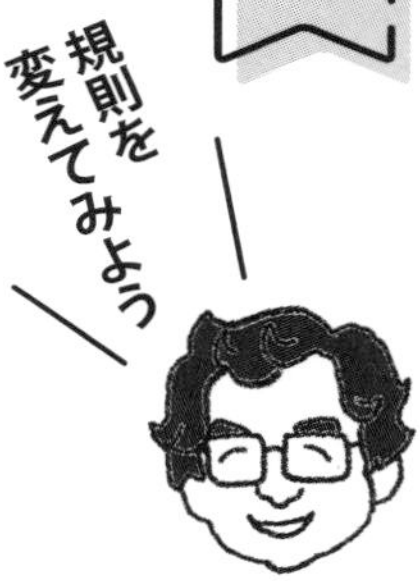

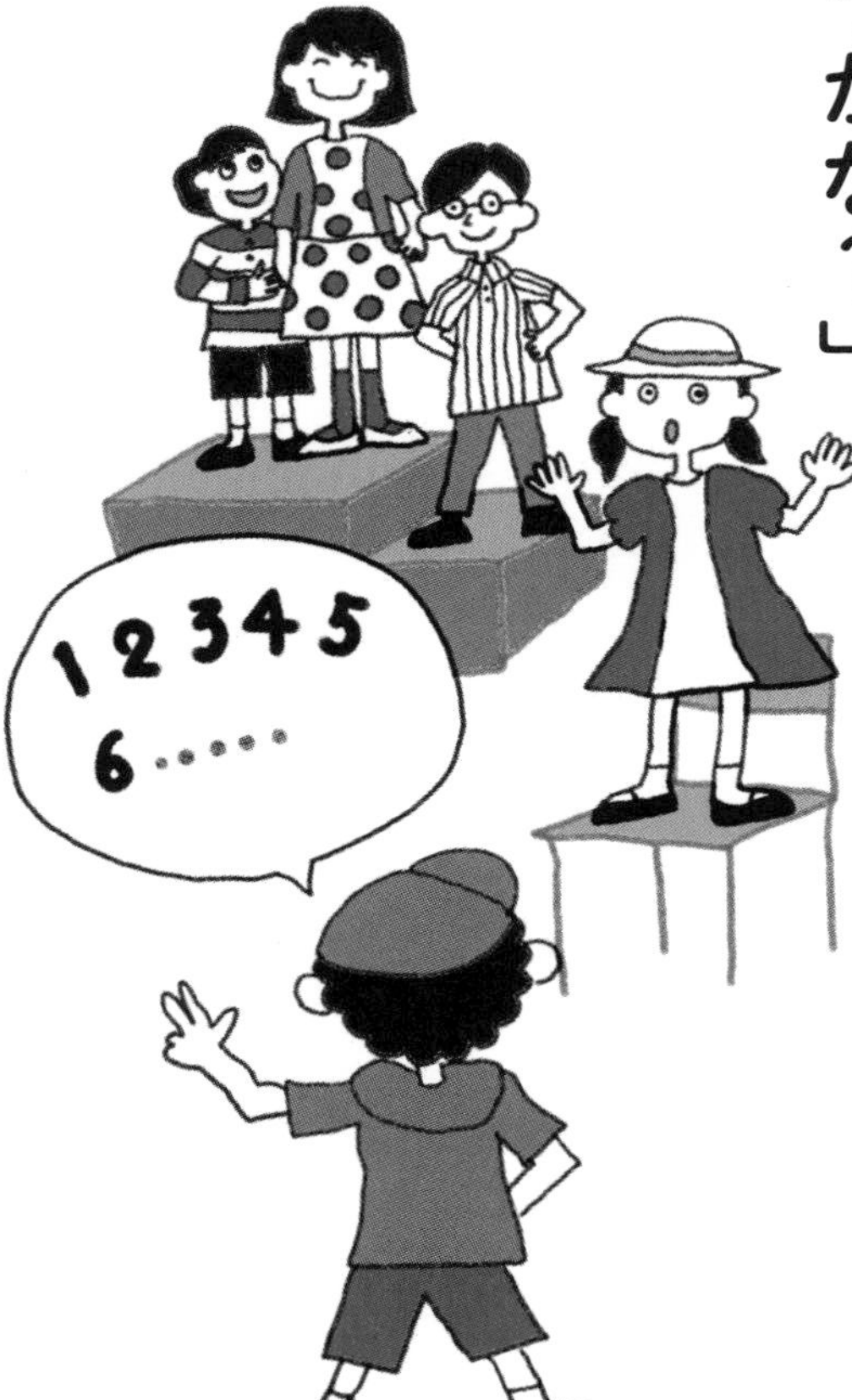

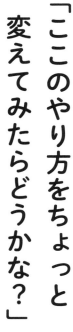

鬼ごっこから野球、サッカーまで、どんな遊びにもルールがあります。昭和の子どもたちは、よく公園や空地で「三角ベース」という遊びをしたものでした。

これはだいたい野球と同じルールですが、走者は1塁→3塁→ホームの順に走り、2塁がありません。また、「透明」という不思議なルールがありました。これは、メンバーが足りないとき、塁にいる人が打席に立ち、その人がいた塁に透明人間が走者としているものと想定して遊びを続けるというものです。

子どもたちは、野球のルールをテレビを見て知っていましたが、それを自分たちがプレイできるルールにアレンジして遊び、そして試合の途中で話し合ってルールを変えることもありました。

このように、自分たちがより楽しく遊べるようにするためにルールを変えることは、高度に知的な作業ですが、子どもたちは楽しく遊ぶためなら、何の苦労もなく頭を使ったのです。

「高鬼《たかおに》」は鬼ごっこの一種で、高いところにいると鬼に捕まらないというルールです。鬼に追いかけられたとき、一段高い敷石の上まで逃げるとひと安心です。

でも、それだけのルールでは鬼はいつまでたっても捕まえられず、ゲームが進展しません。そこで、鬼は誰かを高いところに追い詰めたら10までかぞえて、その間に高いところにいる子は別の場所に移動しなければならないというルールが付け加えられました。

ルール自体を少し変えてみる

ルールはただ守るためにあるのではありません。必要に応じてルールを変えることによって、さらに楽しく遊べることもあります。

このことは、どんな遊び、ゲームについてもいえます。

むしろ、**創造的な発想は、お手本のパターンを変えてみることから始まるといってよいくらいです。**ジャズ音楽の面白さが、楽譜どおりに演奏しないところにあることはよく知られていますが、クラシック音楽にもそういう面はあるでしょう。

折り紙をしているとき、折り方を少し変えてみるとか、料理のレシピに書いてある材料がないから違う食材を使ってみる。数字を書き始めたばかりの子どもが、教えられたのとは逆の書き順で書いてみるなど、習ったやり方やルールを変える余地は、探してみるといろいろなところに見つかります。

「ここのやり方をちょっと変えてみたらどうかな?」という言葉がけは、いろいろな機会に使うことができ、やり方を変えることへの抵抗感を少し和らげ、創造的な活動へと子どもを誘うきっかけになるでしょう。

コラム

「右」と「左」はわかりにくい？

幼児にとって、「右」と「左」という言葉を使いこなすのはむずかしいようです。1つの大きな要因は、右、左という言葉の意味が、話し手によって変わることです。

人類学者の報告によると、オーストラリア先住民の言語の中には、右、左という言葉をもたない言語があるそうです。

彼らはとくに方向感覚が劣っているわけではありません。その証拠に、彼らは東西南北という言葉を使って、何の不自由もなく日常生活を送っています。日本にも、その土地の地形によっては、右、左という言葉で方角を表わす習慣がない集落がいくつかあります。

合唱団員や指揮者、演出家、役者など舞台芸術にかかわる人たちは、ホールでは右、左という言葉は使わず、かわりに上手《かみて》、下手《しもて》という言葉を使っています。舞台で演じる人たちから見た左右が、観客から見た左右とはまったく逆になってしまい、混乱しやすいからです。

子どもにとって、右や左という言葉を使ったコミュニケーションがむずかしいと感じるのは、方向感覚がまだ未熟だからというよりも、右、左という言葉の意味が、誰を主体として考えるかによって逆になってしまうことの影響が大きいといえるでしょう。

「さっきは、何本だったっけ？」

パズルの中には、単純な規則性に気づくだけで簡単に解けてしまうものがあります。ただし、規則性に気づくためには、いくつかの例を観察して、そこに隠されているパターンを注意深く読み解くことが必要で、気づくかどうかは、ある程度偶然でもあります。

気づいたときは、「何だ、そうだったのか！」あるいは、「なるほど！」と思うでしょう。隠されている規則性が、誰にでもわかる単純なものであればあるほど、気づいたときの喜びや楽しみは大きくなります。

思わず「なるほど！」と言いたくなる体験を英語でaha! insightと言いますが、この言葉は幼児への言葉がけの言葉としても重要です。**日頃の会話の中で、「なるほど！」と言いたくなるような場面を意識して多くするように心がけると、親子の対話が楽しくなります。**

例えば、下図のような図形を子どもの目の前で描いて見せ、「これは暗号だよ。何て書いてあるかわかるかな？」と聞いてみましょう。どの形も左右対称だということに気づくと、この

不思議な図形の暗号

暗号は簡単に解けてしまいます。このような視点に子どもが気づくかどうかは、運と直感に任されています。

親子で遊べるゲームをもう1つ紹介しましょう。これは、指で1、2、3の3つの数を示して見せるだけのゲームです。

まず、指で1を示し、「これが『基本』だよ」と言います。

次に、指で2を示し、「これが1だ」と言います。

最後に、指で3を示し、「これは2だよ」と言います。

ヒントはここまでです。次に、指で2を示し、「では、これは何かな?」と言うと、大抵の子どもは「1」と答えると思います。そこで、「違う、これは3だよ」と言います。

次に、指で1を示し、「では、これは何かな?」と言うと、大抵の子どもは「1」と答えるか、「基本」と答えると思います。そこで、「違う、これは2だよ」と言います。

このあたりで子どもの頭は混乱してきます。

このパズルは相手が気づくまで延々と続けることができますが、知らないと相当にむずかしく、じつは、大人でも

表にするとわかりやすいよね

問い	1	2	3	2	1	
答え	基本	1	2	3	2	?

お手上げとなってしまうことがあるのです。このパズルを解くキーワードは「記憶」です。

種明かしです。

ここまでの問題と正解を表にしてみると、右ページ下図のようになります。この表で、色で示した斜めに隣りあうマスの中の数字は同じになっています。他の場所でも、答えのマスの数字は、そのマスの斜め左上のマスに入っている数字と同じであることに気づきます。

正解は、「1つ前に指で示した数」でした。したがって、例えば、図の「?」マークに入る答えは、そのときに指が示している数字には関係なく、1つ前に指で示した数字、つまり「1」であることがわかります。

正解はとてもシンプルなのですが、気づかないときは、いくら考えても気づきません。そんなときは、「えーと、さっきの指は何本だったっけ?」と、ちょっとだけヒントを出してあげましょう。

言葉がけのコツ

ちょっとだけヒントを出してあげる

05

新しいものを創造する

「どんな模様ができるかな？」

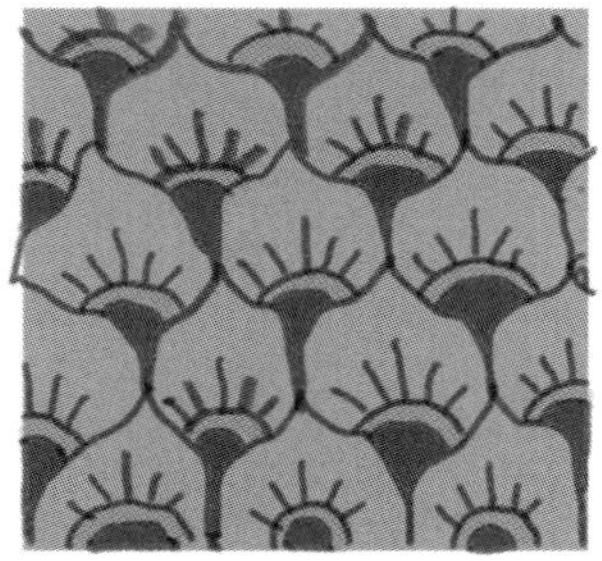

パターンを見つけたり、規則性に気づいたりする能力は、創造性に大きく関係しています。

創造的な仕事である画家は、真っ白なキャンバスに自由に描いているように見えますが、テーマや画材、絵の具という制約があります。何らかの制約条件のないところに創造活動はあり得ないのです。むしろ、制約の中で新しさを出す工夫が創造活動であるともいえます。

自由なお絵かきや工作も必要ですが、伝統的なあやとり、塗り絵、折り紙などの遊びにも創造性を発揮する余地はたくさんあります。

本書の89ページで紹介した、小さな三角に切った折り紙を並べて、面白いパターンを作ってみましょう。

三角に切った折り紙をテーブルの上に置くだけでも、下図のように4通りの向きがあります。並べやすいように、折り紙を厚紙に貼ってピースを作ってもいいですね。

「どんな模様ができるか、楽しみだねー」と言いながら、ピースを4枚、テーブルの上に並べてみましょう。子どもといっしょに並べ、面白いパターンができたら、「これは座布団みたいだね」とか、

三角形だけで4パターンの向きがある

「風車みたいな形だね、面白いね」と声をかけます。

気に入ったパターンができたら、これを「アキちゃんタイル」と呼ぶことにしよう、ともち掛けます。

そして、「アキちゃんタイルがたくさんあったら、どんな模様ができるかな？」と聞きながら、子どもといっしょにさらに三角を並べていきます（次ページ図参照）。

「ほら、真ん中に逆回りの風車ができているよ」など、同じタイルを繰り返して並べていくことで、**予想しなかったリズムやパターンができていく感じを、子どもといっしょに味わいましょう。**

あるいは、子どもは途中から別のこと―別の発展形や別の模様作り―をやり始めるかもしれません。どんなものができても、これはその子どもだけの「作品」です。たくさん褒めてあげるようにしてください。

言葉がけのコツ

作品は結果よりプロセスを褒めてあげる

4枚のピースでもいろいろな模様ができる

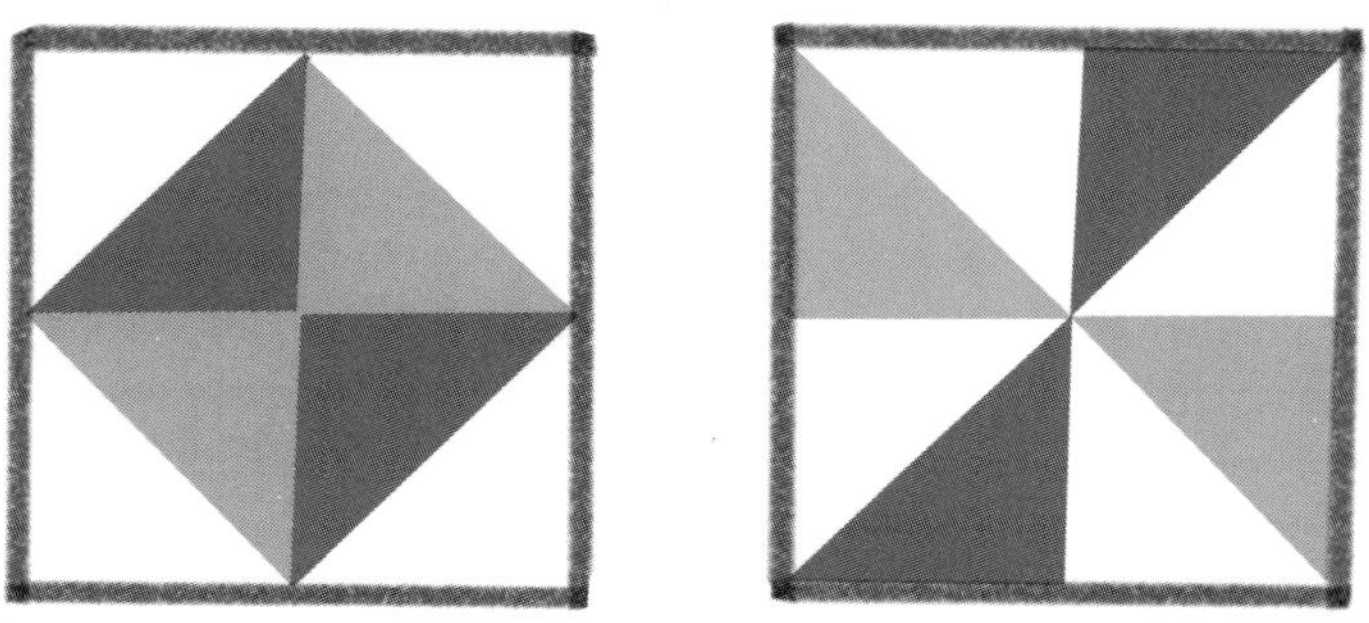

たくさん並べると思いがけないパターンが見えてくる

06 並んでいる順番に気づく

「さて、次はどんな形かな？」

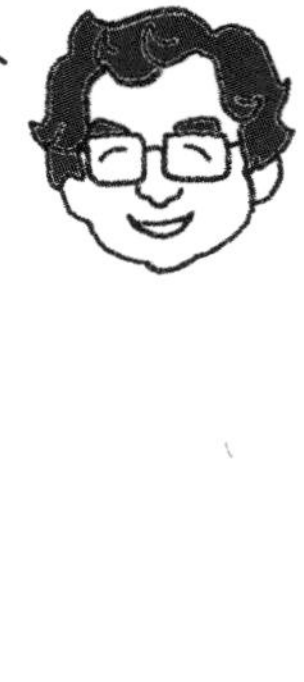

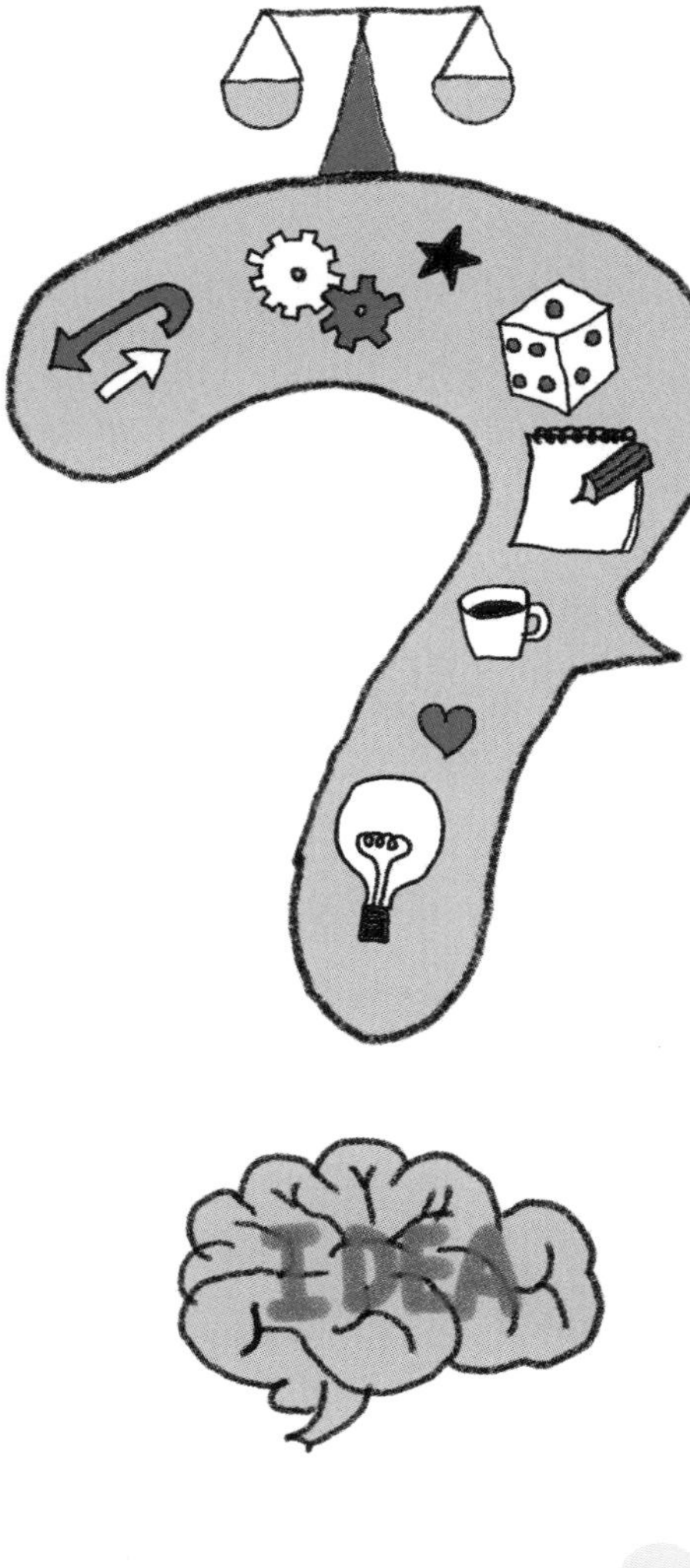

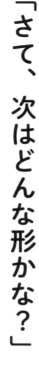

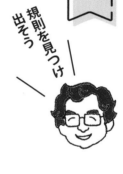

ある規則に従って、ものが並んでいます。それらを見てどんな規則なのかがわかるでしょうか。数が並んだ「系列」に関することは、数学の中にたくさんありますが、ここでは、簡単な図柄を並べながら、クイズを解くような気持ちで子どもといっしょに探ってみましょう。

例えば、下図では4つの四角のうち、左側の3つの四角の一部が赤く塗られています。左側の3つの図を見て、4つ目の四角がどんなふうに塗られているか想像できますか。

幼児向けのドリルなどには、同じような問題がたくさん載っています。それらは、子どもと遊ぶヒントにはなりますが、ポイントは、子どもにドリルをやらせるだけではなく、親がドリルの図を実際に描いて見せ、「次はどんな形かな？」と言葉がけをすることです。

このとき、頭の中で考えているだけよりも、手近にある厚紙を同じ大きさに切って図柄を描き、ぐるぐる回してみると、親にとっても子どもにとっても、もっとわかりやすいでしょう。

右側の四角はどのように塗られている？

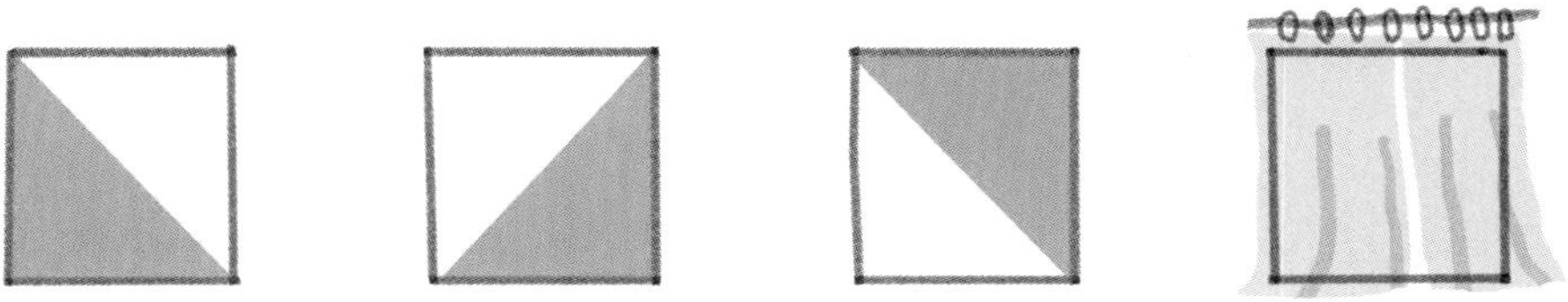

厚紙を切ったり、積み木やおはじきのかわりに使えるものを探したりするのは手間かもしれませんが、むずかしいとか、できないという体験は、子どもが本来もっている知的好奇心から子どもを遠ざけてしまいます。

親子で楽しむためのクイズ遊びですから、具体物を使って一目でわかるやさしい問題に変えられるならば、そのほうがよいのです。そのための親の努力は、子どもが発する「できた！　こんなの簡単だよ、もっとやりたい」の一言できっと報われると思います。

もっとやりたいという子とは、さらに別の問題にチャレンジするのもいいでしょう。

次ページの図を参考にして、我が家だけのオリジナルのパターンをいろいろ考えてみてください。

このような系列を見て規則を見つけるのもパターンを認識する人間ならではの能力です。この能力を伸ばしておくことは、将来数学を楽しめる子になる基礎としてとても大切です。

でも、飽きやすいのも幼児期の子どもの特性なので、しばらく遊んだら、やり過ぎないうちに、「上手にできたね。また、明日やろうね」と言って、わくわく感を保ちながら、気持ちを切り替えることも忘れずに。

言葉がけのコツ

親がいっしょに悩み、実際にやってみる

いちばん下の図はどんなパターン？

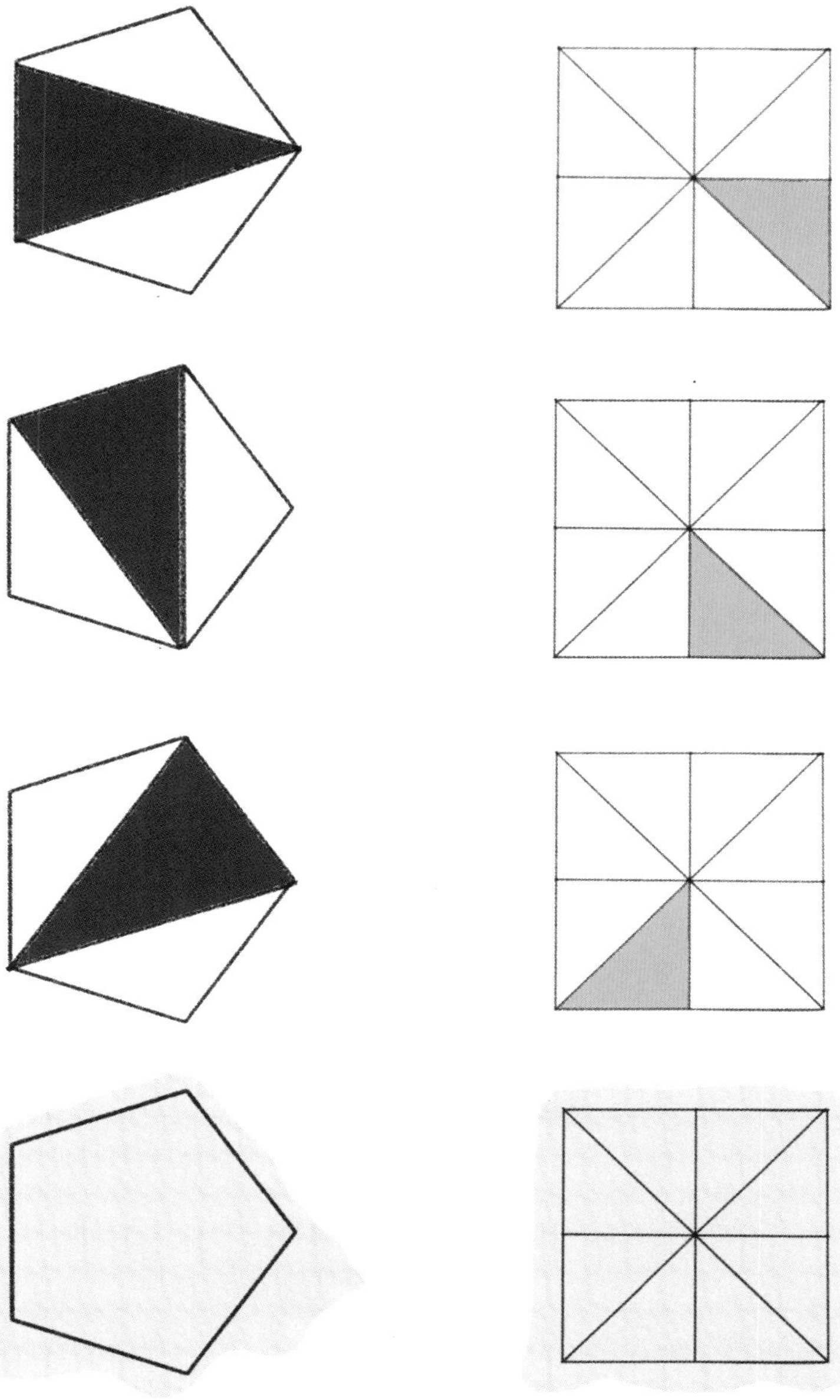

07

いろいろな形を作る

積み木で遊ぼう

「これと同じ形はできるかな？」

積み木は、物の形や高さを認識したり、指で物をつかむ練習をするのに最適です。また、木製の物に触れる感触は大人にとってても子どもにとっても新鮮で嬉しいものです。

しっかりした市販の積み木もありますが、100円ショップでは、工作材料として3センチ四方のサイコロサイズに切った木材を売っています。

子どもの小さい手でつかむには、この程度のサイズのほうがよいかもしれません。ただし、そのままではトゲトゲしているので、子どもと遊ぶ前に角や面にやすりをかけて表面を滑らかにしておきます。

遊ぶといっても、0歳では、なぎ倒して遊ぶことが主ですが、だんだんと手でつかんだり、積み上げたりができるようになります。そこで、最初は横に並べてつなげたり、縦に積み上げたりして遊びます。誰がいちばん高く積み上げられるか親子で競争してもいいですね。

次に、積み木でいろいろな形を作ってみます。

同じ形を作ってみよう

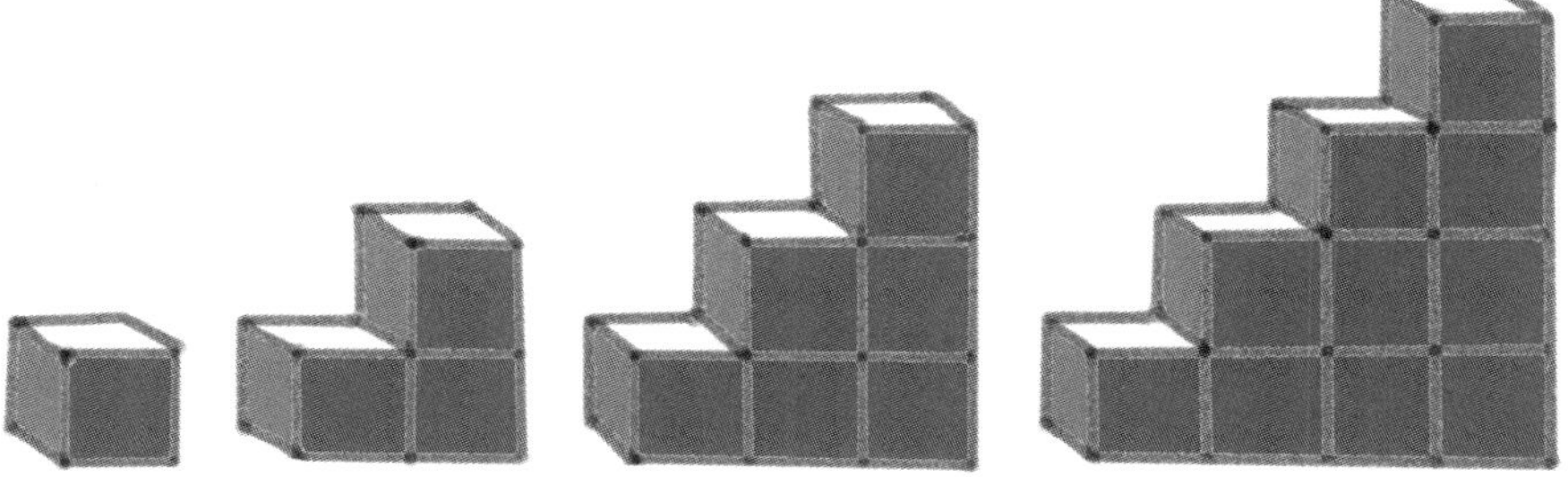

例えば、親が階段の形を作ったら、「これと同じ形はできるかな？」と言葉がけをしてみてください。うまくできたら、褒めてあげます。

しばらくやったら選手交代して、「今度はヨシくんが何か作ってみて」と言ってみましょう。子どもはとびきりむずかしい形を作るかもしれません。そうなると、親も真剣にならざるを得ません。「これはむずかしいな。できるかな」などと言いながら頑張ってみせましょう。

言葉がけのコツ

作ることの楽しさを共有する

階段の形、花壇の形など、簡単な形に名前をつけてあげると、子どもはすぐに覚えます。

形を覚えたら、「もっと大きい階段の形はできるかな？」と言ってみます。

階段の段数をだんだん多くしていくと、同じ階段でもいろいろな大きさのものができることが頭の中でも想像できると思います。それを実際に作って、できるかどうか確かめてみます。お風呂の形、花壇の形などでも同じようにして遊べますね。

形ができたら、「積み木を何個使ったかな？」と聞いてみると、かぞえる練習にもなります。

どんどん大きなものを作っていこう

● 花壇の形？

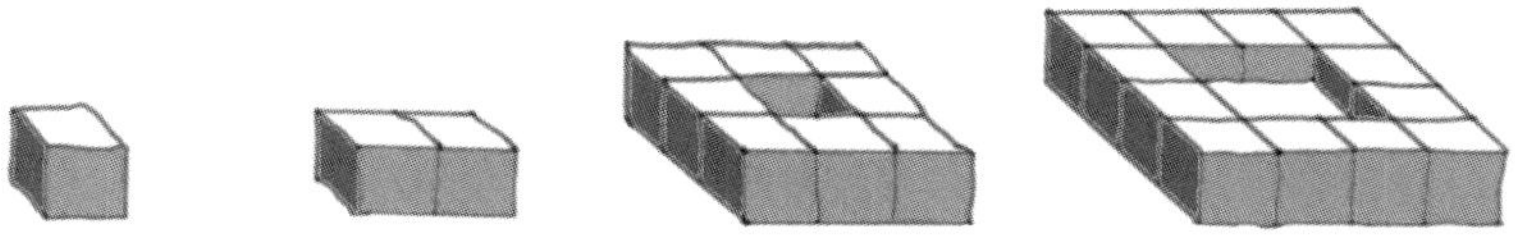

● 塔の形？

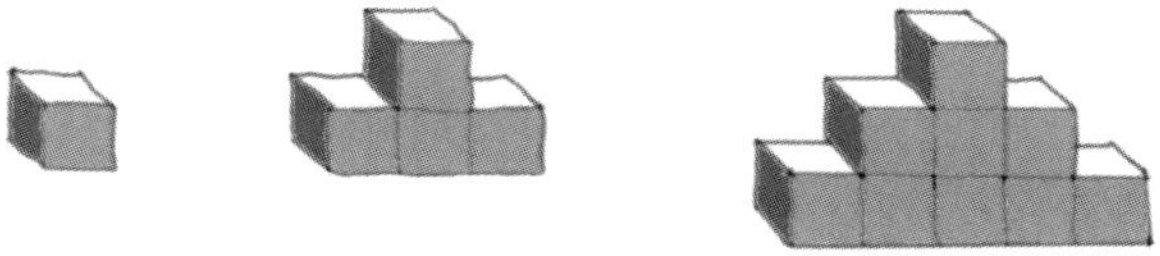

● 何の形？

08

仲間はずれを見つける

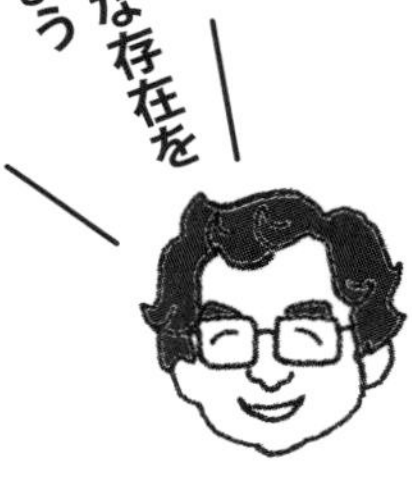

「1つだけ違っているのは、どれ?」

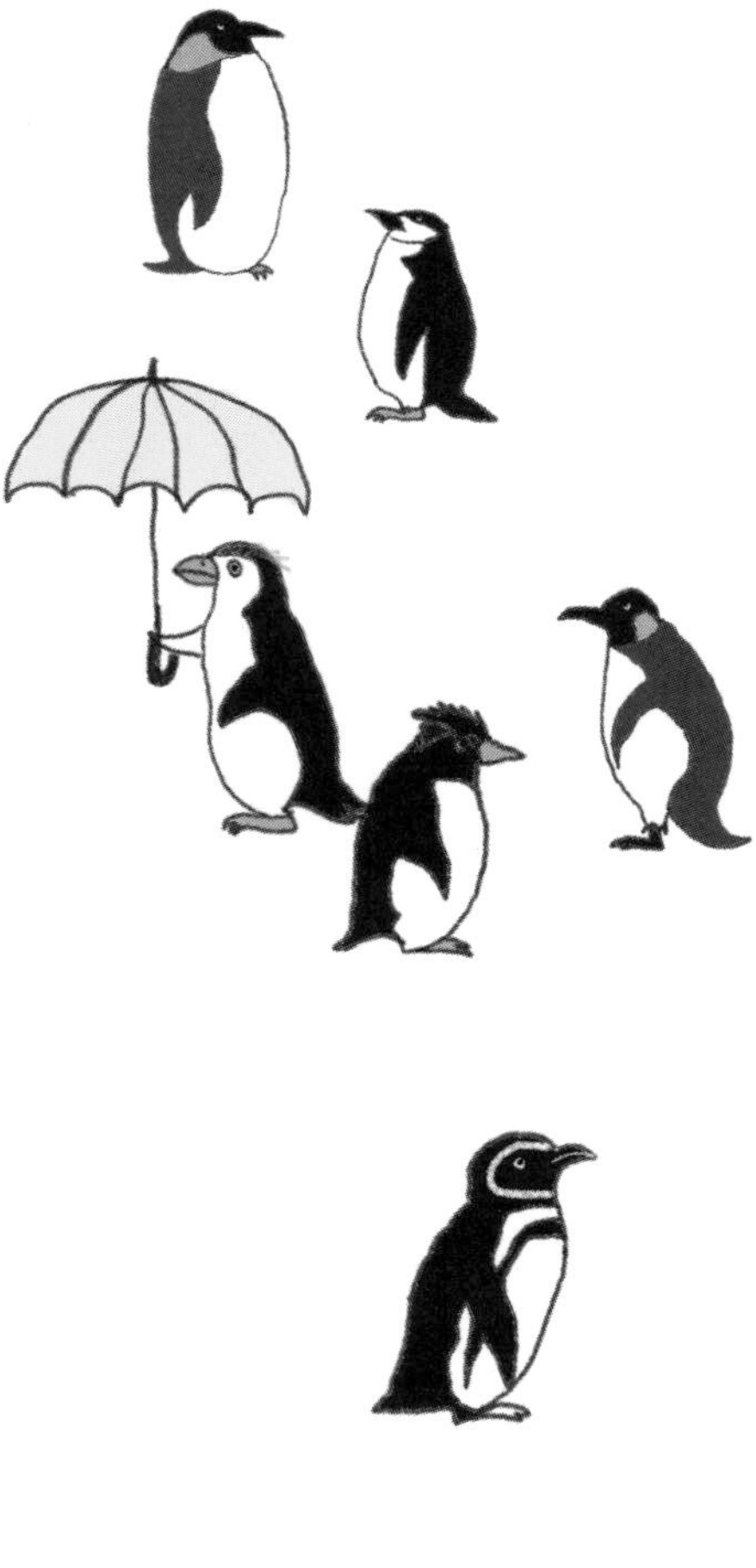

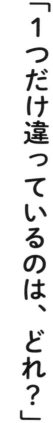

左の上図では、四角がたくさん並んでいますが、1つだけ丸があります。これが仲間はずれです。下の図ではどうですか？　今度は、逆に四角が仲間はずれですね。

このように、どれが仲間はずれとなるかは、描かれている他の要素との関係で決まります。また、形に着目するか、色に着目するかによっても変わることがあります。ほかと違

ほかと違うものは、どれ？

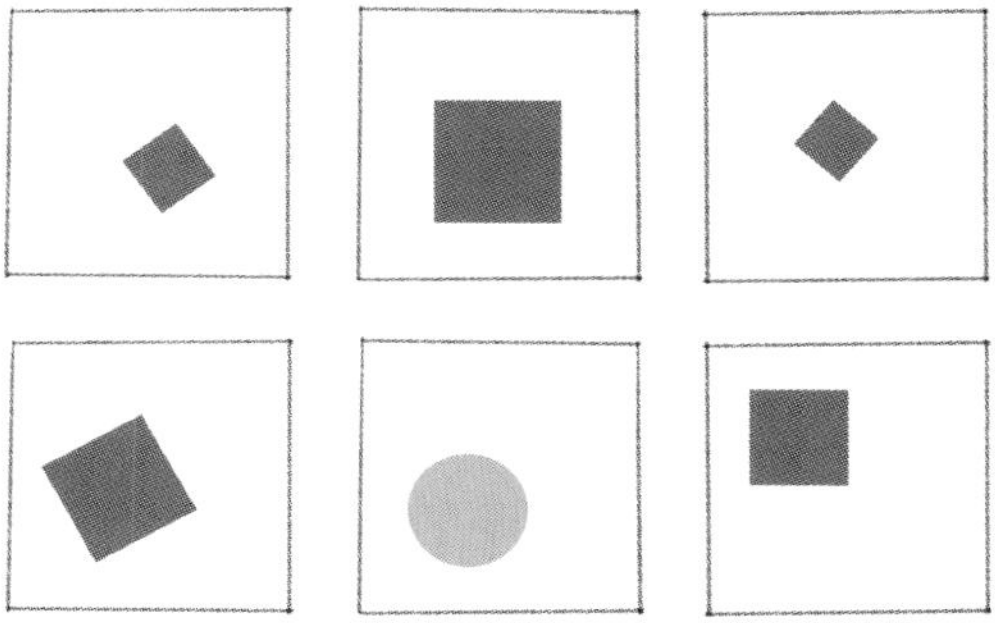

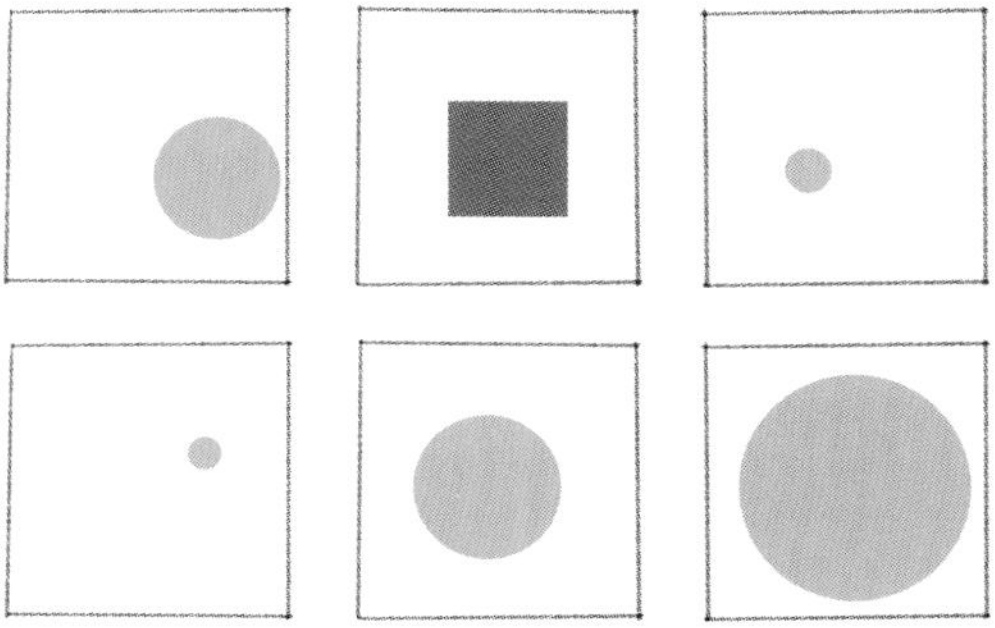

う性質を見つければ、それがユニークな存在になるのです。

子どもといっしょにいるとき、簡単な図形を描いて見せ、違いを見つけるゲームをしてみましょう。

「この中で1つだけ違っているものはどれかな？」

この遊びは、身近な物を使ってもできます。乗り物が好きな子とは、乗り物のカードを集めて遊び、お人形が好きな子とは、お人形で遊んでもいいですね。

例えば、下の図では、飛行機だけが空を飛び、それ以外の乗り物は地上を走ります。一方、動物に引っ張られて動くのは馬車だけで、それ以外の乗り物にはエンジンなど動力がついています。このように、飛行機だけが唯一の正解というわけではありません。

いろいろな乗り物

少し大きな子どもには、仲間はずれが見つかったら、「どうしてそう思うの？」と聞いてみましょう。どうしてそれが仲間はずれなのかを説明してもらうと、もしかすると、子どもは意外な性質に着目したのかもしれません。理由を聞いたら、「なるほど、そう思ったんだね」と受け入れて、フォローするようにしてください。

下の図は、単純な図形です。どれが仲間はずれか、わかりますか。

言葉がけのコツ

どうしてそう思うか聞いてみる

いろいろな図形

コラム

どっちの仲間？

「ボンガードパズル」は、分類をテーマにしたパズルです。分類には直感的なセンスや勘、本質を見抜く洞察力が必要となりますが、ボンガードパズルでは、次ページの図のように、すでに左右6つずつのグループに分類された図形が提示され、それを見て分類の基準が何かを考えます。

簡単なボンガードパズルを作って子どもといっしょに遊んでみましょう。例えば、上の図では、左のグループは三角、右のグループは四角が集まっていることがわかるでしょう。図の中には、黒く塗ったものや小さく描かれたものもありますが、分類には無関係です。

真ん中の図では、左のグループは滑らかな曲線からできていますが、右のグループの絵は角張った直線の集まりです。

このように、分類の基準を言葉で簡単に説明できるものから始めて、子どもの年齢や語彙力に合わせて少しずつむずかしいものにもチャレンジしていきましょう。ただし、インターネット上で見つかるものの多くは大人向けで、子どもにはむずかしすぎるものもあります。

下の図では、左右のグループとも2色で塗られている点では同じですが、左のグループでは、それぞれの形の中が2色に塗り分けられています。違いを言葉で表現するのは大人でもむずかしいので、小さい子どもには別の形を描いて見せ、これはどっちの仲間かな？と問いかけるだけでも楽しめます。

どんなルールで分けられている？

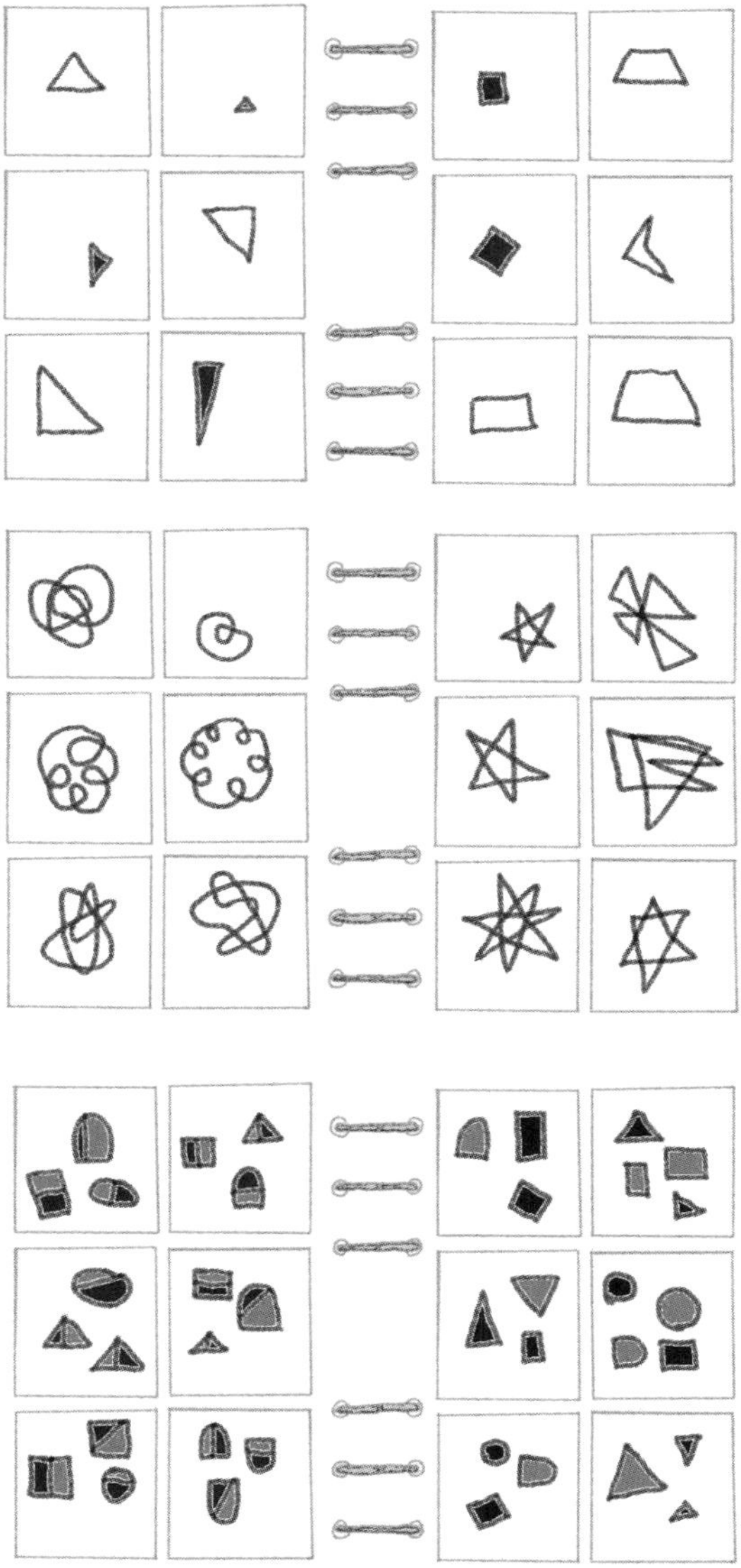

コラム

数学はやっておくべき！文豪からのアドバイス

『羅生門』、『鼻』などで知られる大正期の作家、芥川龍之介は、「文芸家たらんとする諸君に与ふ」と題する短い文章で文芸家を目指す若い人に向けて、次のように書いています。

「文芸家を目指す中学生は、数学の勉強に励むべきです。そうしないと、脳が理性を絶え間なく追求することを回避して、一人前の文学者には決してなれないことを覚悟しておく必要があります。」（現代語に訳しています。以下同）

龍之介は続けて、次のようにも書いています。

「文芸家を目指す中学生は、体育の学習に励むべきです。そうしないと、体力を衰えさせてしまい、人生の偉業を達成することは決してできないことを覚悟しておく必要があります。」

「これは私自身の経験に基づくものですが、中学時代を最大限に活用できなかったことが悔やまれます。」

文豪にとっても、本格的な文芸作品を書くには論理的に考えることがどうしても必要だったのでしょう。これらのアドバイスは、どんな職業に就く人にも当てはまるものですが、龍之介自身の体験に基づいているだけに、実感がこもっているように感じられます。

第4章

「考える力」が育つ言葉がけ

第4章のコラム

考える力が育つ言葉がけ

これまでの3つの章では、数への関心、形への関心、そして規則性を発見する心が育つ言葉がけについて紹介してきました。これらは、数学力の土台を準備する幼児期にこそ育てておきたい大切な力です。

本章では、もう少し広い範囲で、将来どんな人生を歩むことになっても大切な「思考力」を育てる言葉がけについて、実例をあげながら説明していきます。

単純に、「考えなさい」と言うだけでは、子どもの思考力は育ちません。子どもは、そもそも何を考えたらいいのか、わからないからです。

子どもに、「いっしょに考えてみよう」ともちかける時間をもつことはとても大切です。小さい子には、親がいっしょに考えながら、考える楽しさを共有します。上手に考えられたときはいっしょに喜び、考えが足りないときは、もう少し考えようとはげまします。

こうして、考えることの楽しさが子どもにも実感として少しずつ感じられるようになると、子どもは自分ひとりでやってみたいと思ったり、「自分でやる」と言ったりするようになります。そうした段階では、自分で考えることをはげまし、応援する声がけがとても大事です。また、失敗したときの言葉がけについても考えておきたいですね。

1つの答えだけで満足せずに、観点を変えて別の答えを探すことも重要です。数学は答えが1つしかないから好きだという人もいますが、これは数学に対するかたよった考え方です。むしろ、幼児期からいろいろな考え方ができる柔軟性を育てておくほうが、将来に向かって伸びていく「数学力」に結びつきます。考えるという行為は、あらゆる活動の基本なので、対象も方法も多岐にわたるのが当然です。

また、どうしてもわからない問題に出会ったときも、すぐに諦めるのではなく、そのときの知識や能力に応じて、何とか工夫し、できる範囲で考えようとする態度を育てましょう。探求心にあふれた子どもは、きっと成長して社会に出てからも、まわりの人たちから好感をもたれるでしょう。

繰り返し述べているように、数学では、正解は1つではありません。

正解と呼ばれる1つの解答よりも、間違っているかもしれないたくさんの解答のほうが価値がある場合もあるのです。しっかりとした根拠をもって考えたならば、答えは多少変でもかまわないのです。

家庭では子どもといっしょにさまざまな実験をしてください。子どもに予想させることは、本書を通して重要なテーマの1つです。どんなに小さな実験でも、「どうなると思う？」と子どもに言葉をかけ、返ってくる声に耳を傾けましょう。

01

考えるように導く

「どうしたらいいと思う？」

子どもに「自分の頭で考えてもらう」ためには、どのように働きかけるのがいいのでしょうか。

自分の頭で考えられるように子どもを育てるポイントは、2つあります。

1つは、子ども自身が考えなければ一歩も前に進めない状況を作り出すことです。もう1つは、自分の頭で考えてほしいという気持ちを、言葉で直接伝えることです。

子ども自身が考えなければ一歩も前に進めない状況は、日常生活のあらゆる場面で見つかります。

以前私は、あるカフェの店先で、小さな女の子がお母さんに「自転車をどこに置けばいいの？」と聞いている場面に出会いました。この質問に、自分ならどう答えるだろうかと考えながら様子を見ていると、そのお母さんは「どこに置けばいいか、自分で考えてごらん」と答えたのです。

その後も、いろいろな会話がありました。

まず、前提として、カフェの入り口は地面が傾斜しているので、なるべく平らな所にとめないと低いほうにずり下がってしまうこと。また、通路は狭いので、通路の真ん中にとめると出入りする人のじゃまになってしまうことなどを、そのお母さんは1つひとつ丁寧に説明しました。

でも、自転車をどこにとめるかは子どもに自分で決めさせたのです。

言葉がけのコツ

時間はかかるものと考える

時間に余裕のない現代の生活の中では、子どもに考える機会を与えることは、もどかしく感じることもあるでしょう。あるいは、そこに自転車をとめたことのあるお兄さん、お姉さんに聞いたほうが早かったかもしれません。

なぜ、このお母さんは、「ここにとめなさい」という一言で終わる会話に、何分も時間をかけたのでしょうか。

子どもにとって、自分の頭を使って考え、とめる場所を決めた経験は、貴重な学びの機会になったに違いありません。子どもとのこのような会話は、時間という資源の投資先として、とても効果が大きいのです。

「どうしたらいいと思う?」という言葉がけで子どもに判断をゆだねたり、**「いっしょに考えようね」**という言葉がけで、なるべく自然に子どもを考えるモードに導いたり、時には**「自分で考えてみようね」**という親の言葉がけが有効となる場面もあるでしょう。

これらの言葉は、どんなに困難な課題に出会ったときも、自分で立ち向かっていく力、レジリエンス（ねばり強さ）となって、その子の人生を支えていくことでしょう。

02

失敗は成功のもと

「いっしょうけんめいに取り組んだね」

失敗したときこそ褒めよう

子育てにおいて、褒《ほ》めることの大切さはこれまでいろいろな人たちによって強調されてきました。子どもにとって、信頼する大人から褒められることは、自分の存在が認められる瞬間でもあります。

幼児期によく褒められて育てられた子どもは、学校に上がってからも、同級生をはげますことが上手になり、また、クラブ活動では、後輩をうまく褒めながら伸ばすことが上手な先輩になります。

子どもが何かをうまくやりおおせたとき、困難な課題に立ち向かって成功したときに褒めることは簡単です。「よくできたね」とか、「えらいね」など、ただそのときの状況を言葉にするだけで、その言葉は褒め言葉になります。

一方、子どもの努力がうまくいかず失敗に終わったときに、どのようにして子どもを褒めるのがよいかは、なかなかむずかしい問題です。

話を具体的にするために、日本数学検定協会が幼児向けに行っている「かず・かたち検定」を受けたけれど、合格しなかった場合を例にとってみましょう。

普段から、親が子どもの性格や行動によく目を配り、子どものよき理解者となっていなければ、うまく褒めることはむずかしいのです。また、失敗した子どもは、ただ悔しい気持ちをわかってほしいだけなのかもしれません。

私は、そのような場合、**失敗は失敗として認めたうえで、それまでにしてきた日々の努**

力を日ごろから褒めるのがよいと思います。

結果が成功だったとしても失敗だったとしても、その経験から何か子どもが学んだことがあるはずです。「いっしょうけんめいに取り組んだね」という言葉がけ、「少しずつ、ちゃんと進んでいるね」という言葉がけは、こんなふうに努力することを続ければいいんだという自信をもたせることになり、子どもの未来へとつながります。

失敗は、必ずしも悪いことだけではありません。**失敗した、という結果だけで終わりにするのではなく、どの部分では努力のあとが認められ、どの部分は改善の余地があるのかを子どもが自覚できるように、親は手助けすることです。**これによって、子どもは自分を客観視することができ、次の行動計画を立てやすくなります。

ここで、ちょっとテストについて考えてみましょう。入学試験とは違い、学校で授業の一環として行われるテストは、いい点数を取ることが目的ではなく、授業で学んだことをどの程度理解しているかを知るためのものです。

よいテストとは、正解することがそんなに困難ではなく、授業で身につけたことがどの程度理解できているかを確認できるように子どものことを考えて作られたテストです。

言葉がけのコツ

結果に左右されずに努力したことを褒める

コラム

生活の中で考える力を育てる

「考える」とは、目の前にある具体的な課題を解決するために、脳を活性化させることです。では、子どもの考える力は、どのような言葉がけによって育つのでしょうか。

親がとるべき基本スタンスは、これまで述べてきたことと同じです。考える力を育てるのに最も効果があるのは、親子でいっしょに考え、楽しさを共有することです。

子どもは誰でも自分の頭で考えることが大好きです。でも、たいていの人たちは、大人になるまでに、何かのきっかけで自分の頭で考えることが苦手になったり、あるいは面倒になってしまったりします。なぜでしょうか。

本来、考えることは楽しいはずですが、例えば宿題やテストの問題を、ただ機械的に公式に当てはめて解くほうが楽だということを何回か経験するうちに、自分の頭で基本から考えることが面倒になり、心が離れていってしまうのです。このようなことは、子どもが点数で評価され、たくさんの課題に追い立てられる学校ではとくに起こりがちです。

だからこそ、子どもが小学校に上がる前から、考えることの楽しさを子どもに積極的に伝えていくことが必要です。

「考えることは楽しいね」という当たり前の気持ちを言葉でも行動でもはげまし、日々の生活の中でいっしょに考えることに参加できるように、サポートしなければならないのです。

「さあ、いまから考えなさい」と言われても、子どもはまず何について考えればよいのかがわからないでしょう。考える楽しさを体験するには、具体的な何かについて考えなければなりません。

日々の生活は、具体的な課題にあふれています。子どもの家庭での生活を振り返ってみると、家のお手伝いをする、簡単な料理を作る、お買い物をする、下の子の面倒を見るなど、子どもが自分で考えることのできる課題はたくさん見つかります。

「どんなお手伝いならできるかな？」

考えることの楽しさを伝えるには、生活の中で子ども自身が考えなければ一歩も前に進まない場面を見つけ出し、あるいはそのような場面を積極的に作り出して、楽しくいっしょに取り組んだり、そっと見守ったりして、常に子どもをはげましてあげることです。

「ほかにはどんなやり方がある？」

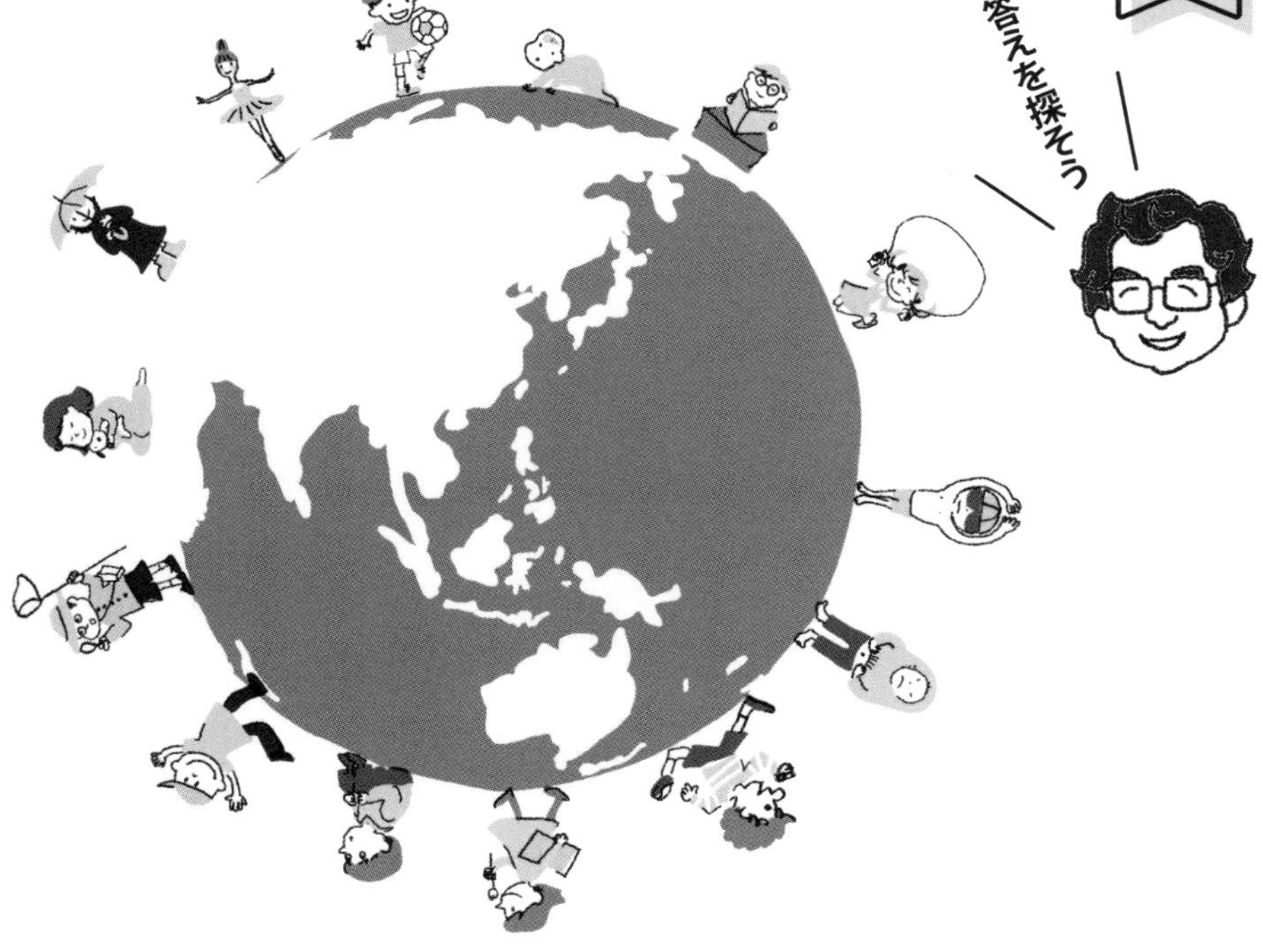

「考える」ということを、「そのときの状況に応じて目的を達成するために最適な行動をとること」というふうに、少し広くとらえると、私たちは日々の暮らしで常に考えながら行動していることに気づきます。毎日の生活では、状況は常に変化しています。

私たちは、季節の移り変わりやその日の天気、社会システムの変化などの影響を受けながら、変化する状況の中で最適解を見つけなければなりません。今日の正解が明日も正解だという保証はないのです。

状況が変わってもあわてずに行動できるためには、いくつかの答えを用意しておくとよいかもしれません。選択肢が多くなれば、それだけ最適な行動をとれる確率が向上するでしょう。

算数や数学では、よく問題が出されますが、問題は1つの答えを出せば終わりとは考えないほうがいいのです。むしろ、**1つの答えが見つかったあとで、どれだけその解答を見直したり、別の解答を考えたりする時間がとれるかが、深い学びにつながります。**

同じ結果を得るために、さまざまなやり方があることを知っているかどうかは、私たちの知識全体の中で重要な位置を占めます。

例えば、東京から大阪まで行くのに、新幹線を使っても行けますが、飛行機で行くこともできます。それぞれの手段にはそれぞれの利点があり、また、時間と体力に余裕があれば、自転車での移動も可能だということも大人は知っています。

隣の町まで買い物に行くとしたら、電車で行ってもいいし、バスでも行けるかもしれません。電車のほうが本数が多くて早いのですが、バスのほうがトータルで歩く距離は短いとしたら、どちらがよい方法でしょうか。

買い物をするにも、現金で買ってもいいし、カード払いにすることもできます。

親子の間のちょっとした会話の心がけによって、問題解決にはいろいろな選択肢があることを子どもに伝えることができます。

夕食のおかずは何にしようか、という話になったとき、いつもの美味しいものがいいと考えるか、食べたことのない変わったものにしてみようと考えるのかによって、答えは違ってきます。

よく、教師が教室で問題を出したとき、生徒の誰かが正解を言うと、「あーあ、言われちゃったよ」と言って、それ以上考えるのを止めてしまう子がいます。その子は1つの問題に対していろいろな正解があることを知らないのでしょう。これは、とてももったいないことです。

また、同じ答えでも、その解答にいたる道筋はいろいろです。学校の先生は、生徒にただ正解を答えさせるのではなく、どのように考えたらそのような答えになったのかにも耳を傾けているのです。

このことは、親子の会話でも同じです。

例えば、隣の町まで買い物に行く話題なら、

「ほかにはどんな行き方があると思う？」

「隣町まで歩いていったらどうかな？」

「違う方法はないかな？」

などと聞いてみてください。

1つの問題に対して正解は1つではありません。正解は1つだったとしても、そこにいたる道筋は1つではないのです。

言葉がけのコツ

さまざまな選択肢の多さを伝える

04

わからなくても諦めない

「習ってなくても考えればできるよ」

考えるということに関連して、性格がまじめな子ほど陥りやすい落とし穴について、お話ししましょう。

数学を学ぶのに、正しい順序はありません。また、始めから完ぺきに理解する必要もないのです。

例をあげましょう。

ある小学校1年生の子が、親戚のお兄さんから「2×3はいくつになるかな?」と聞かれたとき、「かけ算はまだ習っていないからわからない」と答えていました。これは、まったくもったいないことです。その子は、ある意味で学校のカリキュラムに洗脳されているのです。

もし親子であれば、もっと柔軟な会話をつなげていくことができるはずです。子どもがたまたま「2×3」という式を見たけど、はじめて見る式なので意味がわからなかったとします。

このとき、子どもは「この式の意味は何?」と聞くでしょう。そばにいる大人は「これは2かける3といって、2が3つあることだよ」と教えます。

知らない記号について、教えてもらう権利は子どものほうにあり、その意味をストレートに教えるにせよ、あるいはすぐわかるクイズの形にするにせよ、教える義務は、そばにいる大人のほうにあります。

子どもは「2が3つあるのか。それじゃあ、2＋2＋2と同じだから、答えは6だ」と言うかもしれません。子どもはかけ算の記号「×」の意味を知らなかっただけで、考える力は十分あったのです。

見たことがない記号に出会ったときに、「習っていないからわからない」と自分からチャンネルを閉じるのではなく、「この記号の意味は何？」と必要な助けを求められる子どもに育てるにはどうすればいいのでしょうか。

2×3という式は見たことがなかったけれど、2＋2＋2なら何とか計算できる。そして、自分の知っている知識でも、組み合わせることで未知の問題が解けたという経験は、困難に出会っても、自分なりの方法で考えようとするレジリエンス（粘り強さ）につながります。

こうした場面があったら、「習っていなくても、考えてみればできるよ」と、**考えることをうながすように話しかけてみてください。**

小学校の算数では、1年生の最初に足し算を習い、後半になってから引き算が出てきます。でも、家庭の中の会話では、引き算はふつうに出てくるので、学校で習っていなくても、必要な範囲で引き算をさせてかまいません。

もし、子どもに、「10－8はどういう意味？」と聞かれたら、「10から8個を取ると、いくつ残る?」と聞きます。あるいは、「8にいくつ足したら10になる?」と手がかりやヒントを答えてもいいでしょう。こう答えると子どもは、足し算がわかれば、引き算もできることが自然にわかります。

小学校4年生では、前半で1桁の数で割る割り算を習い、後半で2桁の数で割る割り算を習います。

このように分かれているのは、書いて計算する筆算での計算法の習得に重点が置かれているからですが、割り算の考え方自体は、どちらでも同じです。だから、ほんの少しのヒントであと一歩先まで考えることは可能です。

数学では、桁数が変わっても、考え方に違いはありません。割り算は引き算の繰り返しによって、多少の手間はかかりますが、必ず答えにたどり着けます。まだ1桁の割り算しか習っていないからというだけの理由で、2桁の数で割る割り算に取り組まないのは、もったいないのです。

未知の問題では手がかりをつかむコツを教える

05

はずれた予想に価値がある

「予想をしてみよう」

子どもが何かに取り組もうとしているときに有効な、魔法の言葉があります。それは、「予想をしてみよう」という言葉がけです。

この言葉がけは、子どもが何かの問題を解き始めているとき、実験に取りかかろうとしているとき、あるいは計算に取り組もうとしているときなど、どんな場面にも有効です。

例えば、目の前にパズルの問題があって、子どもは早く解きたくてうずうずしているかもしれません。やり方についてまだ説明していないのに、いきなりいろいろなものにさわってやり始める子どももいます。

しっかり、ゲームのルールや実験の方法について説明することはもちろんですが、こんなときに忘れずに言ってほしい言葉は、「まず、予想をしてごらん」ということです。

子どもは、予想をすることによって、これから起こる現象についてより興味をもつことができますし、また、想定される事態に対して心構えをもつこともできます。

予想を立てるということは、何らかの根拠のうえで思考するということなので、予想がはずれた場合にも、なぜその予想がはずれたのかを考えることによって、次に何をすればいいのかもわかります。

つまり、例えば何らかの実験であれば、やみくもに何でも事実を集めるのではなくて、背景となる理論に基づいて実験計画を立てること――科学に共通の枠組みからの思考法――

に子どもを一歩近づけることになるのです。

何の予想ももたずに実験を始めてしまうと、結果として起こった事実をただ受け入れるだけの受け身の知識になってしまいます。

逆に、予想をもって実験をすれば、たとえ予想がはずれても、そこから何かを学びとることが可能となります。むしろ、はずれた予想のほうが役に立つ場合だってあるのです。

予想は、当たらなくてはいけないものではなく、むしろはずれた予想にこそ、価値がある。はずれた予想こそ考えを深めるチャンス！　そう考えると、心理的なハードルが低くなるでしょう。そして、予想は、誰でも思いつくような素朴な予想でいいのです。

自分の考えをもって進めてもらう

コラム

どんどん小さくしていくと？

子どもは、毎日どんどん成長していきます。まだまだ赤ちゃんだと思っていた子どもが、「君、何歳？　ぼくは、もうすぐ、お誕生日だよ」などと、いつの間にかお友だちとおしゃべりができるようになっています。

子どもが成長するにつれて、子どもの心や認識はどのように変化するのでしょうか。ここに、子どもの心の中の数学の世界がどのようなものかを探る、面白い実験があります。この実験は、紙の上にマルやサンカク、シカクを描けるようになった子どもなら誰でもできます。

まず、子どもの目の前にある紙に丸を1つ描き、「この形を小さくすると何になる？」と聞きます。すると、子どもは「小さなマルになる」と答えるでしょう。

次に、紙に小さな丸を描き、「この形をもっと小さくすると何になる？」と聞きます。すると、子どもは「もっと小さなマルになる」と答えるでしょう。

そこで、紙にさらに小さな丸を描き、「この形をもっともっと小さくすると何になる？」と聞きます。すると、子どもは「もっともっと小さなマルになる」と答えるでしょう。

ここで、紙にもっともっと小さな丸を描き、たたみかけるように、「この形をもっともっと、どんどん小さくすると何になる?」と聞きます。

すると、子どもは「小さすぎて、見えなくなる」とか、「もうマルじゃなくなる」とか、「小さな点になる」などと答えます。

さて、ここまで来たら、次に「こんどは、この点をどんどん大きくすると何になる?」と聞くのです。心理学の専門家たちが実験した結果では、この実験では、たいていの子どもが「もとのマルになる」と答えるのだそうです。

三角形を使って同じような実験を行ってみると、たいていの子どもは、「またサンカクに戻る」と答えることもわかっています。

これは、いったいどういうことでしょうか。私たち大人は、図形を縮めていって面積がゼロになった瞬間に、図形がもっていた形という情報は失われてしまうと思ってしまいがちですが、少なくとも子どもの認識はそうではないのです。

数学者の中には、つまり、子どもたちの心の世界には、「無限小」の大きさをもつマルやサンカクがすでに存在しているのだと主張する人たちもいます。

しかし、子どもたちは、単にものの形という特徴と、大きさという特徴を、互いに独立な、別々の特徴と考えているだけなのかもしれません。

植野義明（うえの　よしあき）
東京大学非常勤講師、くにたち数学クラブ代表、日本数学会会員、数学教育学会代議員。東京大学理学部数学科卒、東京大学大学院で数学を専攻、理学博士。1986年より東京工芸大学講師、准教授。2021年４月、定年退任と同時に国立市で３歳から100歳までの人たちが数学の美しさに触れ、数学で遊び、数学が好きになれる場所として「くにたち数学クラブ」を設立、代表。著書に『考えたくなる数学』（総合法令出版）がある。

子《こ》どもの「数学力《すうがくりょく》」が自然《しぜん》に育《そだ》つ　2歳《さい》からの言葉《ことば》がけ

2023年８月１日　初版発行

著　者　植野義明
発行者　杉本淳一

発行所　株式会社日本実業出版社　東京都新宿区市谷本村町３−29 〒162-0845
編集部　☎03-3268-5651
営業部　☎03-3268-5161　振　替　00170-1-25349
https://www.njg.co.jp/

印刷・製本／中央精版印刷

ISBN 978-4-534-06030-3　Printed in JAPAN